镜花荟萃

梅林珍藏的中国玻璃画

［德］罗诺德

华 硕 编

［澳］纪奕邦

中国科学技术出版社

·北 京·

图书在版编目（CIP）数据

镜花荟萃：梅林珍藏的中国玻璃画 /（德）罗诺德，
华硕，（澳）纪奕邦编 . -- 北京：中国科学技术出版社，
2024.1

ISBN 978-7-5236-0369-7

I . ①镜… Ⅱ . ①罗… ②华… ③纪… Ⅲ . ①玻璃版
画—收藏—德国—图集 Ⅳ . ① G262.1-64

中国国家版本馆 CIP 数据核字（2023）第 224185 号

策划编辑	王晓平
责任编辑	王晓平
封面设计	中文天地
正文设计	中文天地
责任校对	邓雪梅
责任印制	徐　飞

出　　版	中国科学技术出版社
发　　行	中国科学技术出版社有限公司发行部
地　　址	北京市海淀区中关村南大街 16 号
邮　　编	100081
发行电话	010-62173865
传　　真	010-62173081
网　　址	http://www.cspbooks.com.cn

开　　本	889mm × 1194mm　1/16
字　　数	131 千字
印　　张	10.25
版　　次	2024 年 1 月第 1 版
印　　次	2024 年 1 月第 1 次印刷
印　　刷	北京博海升彩色印刷有限公司
书　　号	ISBN 978-7-5236-0369-7 / G・1028
定　　价	138.00 元

（凡购买本社图书，如有缺页、倒页、脱页者，本社发行部负责调换）

作者名单

原版编辑：罗诺德（Florian Knothe, FK）

华硕（Hua Shuo, HS）

纪奕邦（Ben Chiesa, BC）

编写人员：纪奕邦（Ben Chiesa, BC）

莱纳·冯·弗兰兹（Rainer von Franz, RvF）

高晓松（Gao Xiaosong, GXS）

华硕（Hua Shuo, HS）

罗诺德（Florian Knothe, FK）

赫尔曼·科格尔沙茨（Hermann Kogelschatz, HK）

安丽娜·马尔蒂米亚诺娃（Alina Martimyanova, AM）

梅儒佩（Rupprecht Mayer, RM）

克劳迪斯·C. 穆勒（Claudius C. Müller, CM）

乌尔里希·内因戈尔（Ulrich Neininger, UN）

芭芭拉·施比尔曼（Barbara Spielmann, BS）

西蒙·斯蒂格（Simon Steger, SS）

文树德（Paul U. Unschuld, PU）

文淑德（Ulrike Unschuld, UU）

魏明（Wei Ming, WM）

徐静华（Xu Jinghua, XJH）

原版设计师：徐晓雯（Stephy Tsui）

序

　　时尚美人、贤妻良母，戏里猛将身披华服，吉器满室祝福襁褓婴孩，繁花缀瓶缤纷斑斓——种种形象全以绚烂亮丽的色彩跃于中国反向玻璃画（中国玻璃画或反向玻璃画）上。

　　反向玻璃画是在平板反向玻璃或玻璃镜反面上，以毛笔反向上油彩的画像，画成后翻过正面观赏。绘制过程由近景至远景逐层铺排上色，尽量强调景深并运用艳丽的色彩，制造生动的立体感。不少人误以为绘制玻璃画的技法是 17—18 世纪由耶稣会传教士传入清宫，然据王致诚修士（1702—1768 年）等的书信记录，当时中国朝廷工匠对此技法的运用已得心应手[1]。虽然中国玻璃画在发展之初，数目非常有限，但近期研究认为它始于明末清初华南地区。此说非指欧洲当时并无玻璃画，事实上，早至米诺斯文明及希腊化时代晚期，欧洲已有这项工艺。在希腊克里特岛上，公元前 1500 年的石晶绘画为现存最早的例证[2]。

　　自 15 世纪中叶起，威尼斯成为欧洲玻璃生产中心。当地工匠能制出薄身透明平板玻璃，非常适合绘制装饰画。玻璃画随即在欧洲其他地区发展，用途扩展至装饰大中型宗教建筑，或英国、法国及意大利的小型宗教礼器。18 世纪，欧洲多地均以平板玻璃或玻璃镜制作宗教题材玻璃画，威尼斯遂失去了玻璃制作行中心的地位。

　　17 世纪前后，欧洲玻璃及玻璃镜开始出口中国。虽然现存中国玻璃画并没有 18 世纪中期之前的作品，但荷兰贸易文件有出口记录[3]。平板玻璃自海外运抵广州，由本地画匠绘画，其中一些是向康熙（在位时间：1662—1722 年）及雍正（在位时间：1722—1735 年）皇帝进贡的礼物[4]，宫廷贡品赏赐记录可被视作首份华南地区反向玻璃画的历史档案。中国本土玻璃生产亦初具雏形，在广州及北京内务府均设有玻璃厂，法国贸易行

---

① Thierry A. Chinese Reverse Glass Painting 1720–1820: An Artistic Meeting between China and the West［J］. Bern: Peter Lang International Academic Publisher, 2020：26–27.

② Simone B. Hinterglasmalerei...Die Farben Leuchten So Klar Und Rein［M］. Munich: Klinkhardt & Biermann Verlag, 2013：37.

③ Rupprecht M. Bolihua: Chinese Reverse Glass Painting from the Mei Lin Collection［M］. Munich: Hirmer, 2018：12.

④ 杨伯达. 清代广东贡品［M］. 中国香港：香港中文大学文物馆，1987：41.

（中国公司）似乎参与过其创建过程。该公司 1699 年于广州设玻璃厂，受雇来华作业的工匠协助在紫禁城内设立玻璃厂[①]。

　　紫禁城内及其他皇家居所皆饰有玻璃画及镜画，富丽堂皇；华北清室内外精英家族和南方商贾，亦争相仿效。玻璃表面光彩亮丽，崭新舶来品蔚为时尚。色彩斑斓夺目，镜面幻魅诗意，均赋予这新兴的绘画媒介无限吸引力。同时，广州画匠又绘制了大量玻璃画，外销西方。其中有私人订制，也有成品；既有精确摹绘客人所提供西画的作品，亦有中西风格交融之作。

　　当本土玻璃生产面世，价格较进口玻璃更相宜，中产阶级及普通百姓无不知光彩亮丽的玻璃画，专制玻璃画的作坊开始在各地出现，包括浙江、江苏、河北、山西、黑龙江及其他多地。

　　有送予婚嫁礼物，亦有新店开业做贺礼，或作家宅装饰。值得一提的是，无论是在风格，还是在主题上，玻璃画都与年画等其他中国民间艺术相似，偶尔掺进西洋风格元素。随着不断的发展，这些玻璃画的主题逐渐呈现出普通民众的生活面貌。除了年画，木刻、瓷画、皮影戏、剪纸、通俗画等主题，也有不少出现在玻璃画中。

　　为本土买家绘制的玻璃画，往往取材于为人熟知的吉祥物或神话、历史及文学人物。如此清晰常见的文化象征，本地消费者一眼便能认出。至于究竟这些主题是怎样在不同民间艺术形式之间相互借用的，仍需考究。然而，我们可假设民间艺匠们对促使此现象的形成，发挥了关键作用：他们从事跨媒介艺术创作，并跨区域迁徙流动作业。且这些熟用多种材料及技法的画匠在作画取材时，往往细察坊间画稿和画本，这也使流行主题被挪用于原作品以外的艺术形式。

　　总的来说，当时为不同市场而设的中国玻璃画作坊可分为 3 种：专门绘制外销画的作坊，大部分设于广东；宫廷作坊为皇家绘制作品；专供本地销路的小型作坊则数量最多，遍布大小城乡。玻璃画用途广泛，有镶框作为墙饰，在当时中国最为新潮；有做插屏置于几桌，亦作托盘。正因为用途广泛，不论豪宅简室，或摆设或实用，都将其引入作为时尚装饰，改善装点家居面貌。这些玻璃画的主题和风格固然反映中国消费者的品位和喜好，但不同市场却又不完全封闭。例如，德国佛莱登斯坦城堡的《中国室》藏品中，就有玻璃画《诗人愤书》，描绘李白（701—762 年）醉后书简的著名场景[②]。此画木由萨克森 – 哥

① Emily B C. Glass Exchange between Europe and China, 1550−1800［M］. Farnham: Ashgate, 2009：44；Liu L H. Vitreous Views: Materiality and mediality of glass in Qing China through a transcultural prism［J］. Getty Research Journal, 2016（8）:19−23.

② 此故事源于历史小说《隋唐演义》（1675 年），多种通俗画及工艺品均以此为主题。

达－阿尔滕堡的奥古斯塔斯公爵所藏，后来由普鲁士的路易丝皇后赠予佛莱登斯坦城堡^①。此外，早期西方玻璃画藏品不乏绘有其他通俗主题的作品，似乎大多面向中国本土市场销售，部分则经广州出口销往西方。

然而，清朝国境之内营销的玻璃画，即较后期的通俗作品，始终以本土市场为先，要求工匠和作坊考虑本土观众及消费者的需求。简单来说，就是要求"光亮亮、靓溜溜"。玻璃镜面使色彩加倍夺目，观者立于镜画前，移挪自身时图像生动变幻，更可从镜中成像自观。对于当时的消费者来说，这构成了全新的视觉体验，且光靓无出其右。此外，如前所述，本土市场亦要求画作内容清晰易辨认，最好富有戏剧性，尤其是故事叙述的高潮（例如，以选取戏曲中最引人注目的情节入画，是常用的表达手法），又或是吉祥器物的母题，至少须与画中表达的祝福和赞誉内容有所关联。

那么，读者将在本书中看到怎样的作品呢？书中展示的玻璃画可粗略分为三大类。

第一类为描绘通俗文学、民间传说及戏曲场景的作品。作品内容大多取自众所周知的故事情节，例如，14 世纪施耐庵（1296—1372 年）所著《水浒传》、18 世纪曹雪芹（1715—1763 年）所著中国经典文学作品《红楼梦》、吴璿所著小说《飞龙全传》。也有不少作品取自戏曲，其中包括京剧《二度梅》《翠凤楼》及晋剧《真假牡丹》；而在这些戏曲中，又有不少改编自通俗小说和民间传说。此外，亦有描绘历史人物的画作，如北宋哲学家周敦颐（1017—1073 年），或神话人物，甚或两者并绘。例如，将中国历史人物武则天（624—705 年）与道教神仙何仙姑绘于同一画面。

第二类作品以吉祥清供为主题，如通常成双的花鸟图和花果图，以及花卉与学者书斋清供。在这类作品中，有些互通的祥瑞符号。例如，花、果、鸟等携吉祥寓意的器物（佛手瓜象征福寿，牡丹象征富贵等）；珍贵的花瓶和书法卷轴等奢侈品，象征着画作主人的声誉和地位。

第三类玻璃画精品为美人图及妇女儿童图。美人靠几而坐，被时尚品、花卉、祥瑞物等环绕，该母题在玻璃画乃至所有中国视觉艺术形式中普遍出现。妇女儿童的形象则围绕着子嗣、慈母、家庭和睦等主题而作。

这些通俗玻璃画的多种主题，是中国本土视觉文化的一个重要的传承元素。玻璃画的生命力旺盛，经过 20 世纪上半叶的动荡，直至"文化大革命"，这种艺术形式才停止发展。在中国香港，玻璃画的传统还稍稍维持了一阵子。张伯伦所藏的 20 世纪 70 年代于香港购买的《民间神明图》玻璃画，足以为证^②。

① 插图取自 Rupprecht M. Bolihua: Chinese Reverse Glass Painting from the Mei Lin Collection［M］. Munich: Hirmer, 2018：66.
② 张伯伦的新书《中国诸神：中国民间宗教概论》（*Chinese Gods:An Introduction to Chinese Folk Religion*）于 2009 年出版。他的藏品已赠予德国慕尔诺城堡（Murnau Castle）博物馆。

至今，玻璃画这种艺术形式在中外都不广为人知，藏品亦鲜少展示。希望本书所呈现的中国玻璃画精品可以填补这个空白，把鲜为人知的中国玻璃画世界介绍给更多读者，让更多人在这些玻璃镜画的世界之中，窥探 19 世纪晚期至 20 世纪时人们的想象力及美学观。这也消除了中国玻璃画纯粹为外销品的典型误解，呈现了这种艺术的多样性和在中国境内的受欢迎程度。虽然近期学术界开始注意西方的中国玻璃画藏品[1]，但对这种艺术仍然缺乏分析研究。无论是公共还是私人藏品，亦鲜有图录出版[2]。因此，本书旨在重塑人们对这种鲜为人知的绘画形式的认识，让读者更全面地欣赏这些精选佳作。

　　（AM）

---

[1] 蒂埃里·奥德里克于 2020 年的著作是第一部有关早期中国玻璃画（主要外销）的研究。2020 年 2 月，国际研讨会"中国与西方：重看中国玻璃画"在瑞士罗蒙召开，是首个并非常重要的同类活动。研讨会论文已由德古意特出版社于 2022 年 3 月出版，此书将呈现关于中国玻璃画的最新研究成果。

[2] 在为数不多的已出版藏品中，我们应该提到赵柏林的《反向玻璃画收藏》专著（赵柏林、刘艳春，2006 年），以及《梅林收藏的精选目录》（梅儒佩，2008 年），不仅设计精美，清楚地呈现藏品面貌，更对每件藏品及其文化背景进行了详细描述；后者更是第一本关于中国玻璃画的英文读物。

目　录

中国反向玻璃画：本土化与创新

18—19 世纪，中国反向玻璃画为了适应西方市场的需求，灵活的画师一方面模仿重塑典型的西画风格，另一方面又创作了许多适合西方市场的中国形象。因此，早期中国玻璃画呈现出混合画风，例如，绘穿着西方牧羊女（这是西方绘画中常见的形象）衣裙的中国女子[①]。

中国通商港的玻璃画作坊在大量出产这类混合风格作品的同时，也创作本地化的作品。18 世纪末的中国玻璃画，已经出现精美的游乐图，借用中国画的视觉语言，创作本地观众更熟悉的母题[②]。也正是这一时期，诗文里亦开始提及收集玻璃画的活动。例如，陈文述诗《画林新咏》："西洋诸国绘人物于玻璃镜画皆洋法，今则中国皆能为之，粤东最胜，陆离璀璨，置之曲房密室，应不让周昉屏风。"[③]可见，当时的中国消费者酷爱洋风货品[④]，而玻璃画的设计本土化，似乎与本地艺术市场的营销关系密切。

此处"本土化"指中国玻璃画对传统中国美学形象的运用，尤指其借用通俗画和版画常见主题的现象。"通俗画"是艺术史学者高居翰首先提出的概念[⑤]，传统中国画论认为绘画的最高境界，乃文人业余作画，自我表达。收藏家与评论家无不以此为准。通俗画与此不同，皆专业画匠谋生所作，为喜庆节日绘制精美图像，多是节日、庆典、游乐、繁华都市等流行主题。[⑥]因此，除了美学价值，通俗画更多地呈现了当时中国社会的众生相。明（1368—1644 年）、清（1644—1911 年）两朝，通俗画非常流行。皇家画院的画师也经常以这些主题作画。皇家画的成就也在 18 世纪雍正、乾隆两朝达至高峰。

版画是中国视觉文化的另一重要艺术形式，种类很多，有书籍插图、单张版画及画谱。本文将讨论玻璃画与通俗画及年画（即春节主题版画）[⑦]之间的关系。通俗画与年画的风格和技法大异其趣，其主题尚具共通之处，常绘节日庆典、美人仕女、祥瑞器物等。

---

① Thierry A. Chinese Reverse Glass Painting 1720–1820: An Artistic Meeting between China and the West［M］. Bern: Peter Lang International Academic Publisher, 2020：55.

② Gao XS. Reflecting Domestic Genre Paintings: Chinese Reverse Paintings on Glass in Museum Volkenkunde［D］. St Louis: Washington University in St. Louis, 2020：16–28.

③ 陈文述. 画林新咏［M］（第 3 卷）. 中国台北：台北文明书局，1985：28a.

④ Kristina K. Chinese occidenterie: the diversity of "western" objects in eighteenth–century China［J］. Eighteenth–Century Studies 47，2014（2）：117–135. 洋风货品指按西方风格制造的本地货品（尤其指装饰品），提供与本土中国传统物品不同的风格。

⑤ James F C. Pictures for Use and Pleasure: Vernacular Painting in High Qing China［M］. Berkeley: University of California Press, 2010：3–6. 另有艺术史学者用"中国类型画"（Chinese genre painting）一词形容这类数目庞大且主题多样的画作；笔者却认为"通俗画"（vernacular painting）一词可以将这类画作与文人画区分，因此在讨论中国艺术的框架中更为合适。

⑥ 金卫东. 明清风俗画［M］. 中国香港：香港商务印书馆，2008：14.

⑦ 年画又名木版年画。

木版年画

　　李光庭在 1844 年始用"年画"一词 ①。有清一代，作坊遍布全国，画师多为佚名，集体协作，一般以制年画为副业，补贴农耕收入。正如前述，木版年画内容多样，其中戏曲主题最受欢迎。19 世纪末 20 世纪初，戏曲在城乡文化生活中至关重要，与此不无关系 ②。"戏出年画"描绘台上演出，强调演员身段穿戴 ③；在梅林藏品之中，有不少以戏曲为主题的玻璃画。可见，玻璃画与木版年画在选题上的共通之处。

　　《断桥相会》（图录编号：B162）就是一例，清代天津地区也出品了相同主题的木版年画 ④。《白蛇传》在中国家喻户晓，讲述蛇精化身美人白素贞的故事。多出地方戏均将其改编成剧目演出，它也出现在很多木版年画里 ⑤。梅林玻璃画藏品之中，就有 3 件内容取自《白蛇传》。在《断桥相会》中，中间为白素贞，其右为伺婢小青（青蛇），坐地者为白素贞的丈夫许仙。此画好几处吻合年画的特色，如 3 人的脸上肤色均为白脸红颊，乃根据戏出年画描绘戏曲演员化妆。画中 3 人所穿也是戏曲行头，尤与京剧戏服相似：白素贞宽袖长衣下配百褶裙，明显怀有身孕；小青则短打束袖，武打装扮，左右两手剑指许仙，不齿其背信弃妻；两位女性均以绒球缀冠，可见是戏曲穿戴。许仙的外套上绣有图案，戴着书生的头巾 ⑥。虽然画中人物服装与戏曲演出穿戴规定未必相同，但取戏服而弃日常生活服装，足见这些玻璃画与戏出年画之间的关系密切。

　　此外，玻璃画中人物衣装的色彩搭配多采用年画的典型色调。戏出年画《断桥相会》色彩繁复，人物衣饰就运用了 10 多种颜色 ⑦，所选颜色并不完全依照戏曲演出穿戴规定，画师显然作了调改，使年画的整体视觉效果更突出。总体来说，民间年画画师用色大胆丰富，喜用鲜明的对比色 ⑧。玻璃画《断桥相会》的画师似乎亦采用了年画的色彩搭配。小青的绿色裤子色彩饱和度很高，与脚上红鞋对比鲜明。她一身衣服用了不下 6 种颜色。许仙身上衣折为蓝底金花，再添上橙色衣领，用色对比鲜明，富有活力。由此，木版年

---

① 王树村. 中国戏出年画［M］. 北京：北京工艺美术出版社，2006：18.

② James A F. The Cult of Happiness: Nianhua, Art, and History in Rural North China［M］. Seattle: University of Washington Press, 2004：97. 英文"theatricalprints"一词出于 Flath 氏著作，指"戏出年画"。

③ 王锦强. 中国木版年画精品集［M］. 北京：中国文联出版公司，2016：131.

④ 曹淑勤. 中国年画［M］. 北京：中国建筑工业出版社，2009：267.

⑤ 王锦强. 中国木版年画精品集［M］. 北京：中国文联出版公司，2016：132.

⑥ 更多有关戏服资料见谭元杰. 中国京剧服装图谱［M］. 北京：北京工艺美术出版社，2008.

⑦ 王锦强. 中国木版年画精品集［M］. 北京：中国文联出版公司，2016：149；王树村. 中国戏出年画［M］. 北京：北京工艺美术出版社，2006：228.

⑧ 王锦强. 中国木版年画精品集［M］. 北京：中国文联出版公司，2016：20.

画的美学特色活现于玻璃画。

除了《断桥相会》，梅林珍藏玻璃画精品中还有一些作品亦细致地勾绘戏曲场景，描绘戏曲人物的衣装扮相和身段。戏曲故事是年画的流行主题，玻璃画师积极借鉴，希冀吸引更多的消费者。玻璃画采用的色彩也显示其与年画这项民间艺术关系紧密。这些有趣的现象揭示了：其一，当时中国玻璃画绘制正经历生产本土化；其二，在 19 世纪末 20 世纪初，玻璃画的潜在消费受众正逐渐增长。

美人画

18 世纪中叶，中国玻璃画发展处于初期阶段，女性人物是另一个重要主题。正如前文所述，这些早期的玻璃画颇受西洋画风影响，本土元素亦逐渐增强。中国艺术里美人图的历史悠久，其被应用到玻璃画上，并不令人惊讶。清朝不少专业画师都掌握了绘美人图的技巧。19 世纪末 20 世纪初，木版年画的风格越来越多，其中美人画题材的作品数量亦显著增加[1]。

19 世纪晚期的中国玻璃画中，已可见传统美人画的特色，最明显的是描绘特别活动的题材，如女子下围棋的场景[2]；又如荷兰莱顿国家民族学博物馆现藏的一幅 18 世纪玻璃画[3]。梅林珍藏玻璃画中可见绘女子下围棋主题的作品《宝玉观棋》（图录编号：A154），另有一对描绘红楼梦世家女子进行“琴棋书画”活动的玻璃画（图录编号：D147 和 D148），与现存一幅绘制精美的年画里的人物活动如出一辙[4]。由此可见，中国多种艺术形式之间有着共通的视觉语言。玻璃画持续出现这类主题，亦证明其作为新引入的艺术形式，正经历生产绘制本土化。

就女性本身而言，有一种风格值得注意。有些画中人物的头部与身体不合比例，《端坐的女子》（图录编号：A173）即为一例。此画法或与年画传统有关，年画常见身体比例欠协调的人物形象。有些年画画师喜欢刻意强调某些身体部位[5]。20 世纪以后，人像玻

① 王锦强. 中国木版年画精品集［M］. 北京：中国文联出版公司，2016：192.

② James F C. Pictures for Use and Pleasure: Vernacular Painting in High Qing China［M］. Berkeley: University of California Press, 2010：183.

③ van Dongen P L F. Sensitive Plates': Nineteen Chinese Paintings on Glass［M］. Leiden: National Museum of Ethnology, 1997：16.

④ 王锦强. 中国木版年画精品集［M］. 北京：中国文联出版公司，2016：220-221.

⑤ 王锦强. 中国木版年画精品集［M］. 北京：中国文联出版公司，2016：19.

璃画里对人体部位夸张的表达方式已非新颖。美国皮博迪·埃塞克斯博物馆馆藏玻璃画《中国女子》即是一例[①]。该画绘于 1858 年前后，可推测此画法或早在 19 世纪初时便已被应用于玻璃画；通过上述梅林藏品的例子，可见此画法在玻璃画中被持续运用。《端坐的女子》（图录编号：A173）中女子白脸红颊，也吻合年画中描绘女子面部特征的类似画法。当时，杨柳青年画产量最多，影响最大，其中亦不乏以类似妆容呈现人物面部特征的设计[②]。此外，成对玻璃画《台钟旁的两女子》（图录编号：D068 和 D069）中两女子的发型、配饰及穿着，也常见于年画[③]。

18 世纪，玻璃画师已创绘成对出现的美人图，且多强调以成双成对的形式出现的视觉元素。例如，描绘同一场景的冬夏双景[④]。梅林珍藏玻璃画也有对制美人图，可见该潮流的延续，然而设计重点不再是成双成对，而是追求对称平衡：成对出现的玻璃画主角为两名女子，她们的样貌身材相仿，但衣服颜色各异。其中，《书房中的两女子》（图录编号：B269 和 B270）构图设计精美，画师描绘房内装饰时，力求维持细节处对称平衡，墙上对联、山水画、花鸟图皆成双。该作品还有一特点，即对女子缠足的细节描绘得清晰可见；在中国传统的视觉文化中，对缠足的描绘"在中国人眼中是不合规矩的"[⑤]。在正统先人肖像画中，女足不入画。中国玻璃画自发展之初，情色题材并非罕见，该主题在后期玻璃画中亦一脉相承[⑥]。

清供图

梅林珍藏玻璃画有数件花鸟主题的玻璃画。花鸟画是中国传统绘画艺术中常见的独立科目，除绘花卉、禽鸟，也以鱼、虫入画。琳琅缤纷的花卉植物象征祥瑞，体现文人美学传统。花鸟题材作为装饰图纹亦常见于匣盒等器物之绘饰。梅林珍藏玻璃画有 5 幅

---

① 见"麻省理工学院视觉文化"（MIT Visualizing Cultures）网页《广州贸易制度兴衰之三》（*Rise & Fall of the Canton Trade System III*）有关玻璃画部分。

② 王锦强. 中国木版年画精品集［M］. 北京：中国文联出版公司，2016：217.

③ 王锦强. 中国木版年画精品集［M］. 北京：中国文联出版公司，2016：203.

④ Thierry A. Chinese Reverse Glass Painting 1720–1820: An Artistic Meeting between China and the West［M］. Bern: Peter Lang International Academic Publisher, 2020：40.

⑤ Dorothy K. Cinderella's Sisters: A Revisionist History of Footbinding［M］. Berkeley: University of California Press, 2005：41.

⑥ Thierry A. Chinese Reverse Glass Painting 1720–1820: An Artistic Meeting between China and the West［M］. Bern: Peter Lang International Academic Publisher, 2020：69–70.

以香花、果蔬与清供雅物入画。这些玻璃画以非写实的态度呈现自然，画师对植物刻意施以人工调改，使之更适于居家装饰。该处理方法与通俗画的一科——"清供图"异曲同工。

清供图源自佛教礼仪中向神佛供奉鲜花水果的习俗。"清供"雅物多指香、花、果。清供图的设计亦与花艺和博古息息相关[①]，除了绘有香花、瓶器，为丰富画面，也常绘文房四宝、吉祥瑞具及其他玩赏器物。清供图大致可分为两类：其一是有名之供，即为特别庆节或场合而作，尤以传统节日为主，如春节、端午等；其二是无名之供，即无庆节或特殊场合之作。清供图与其他通俗画一样，也是到了明、清两代时，所绘器物种类渐增。宫廷对这类艺术形式的喜好刺激了皇宫内外的生产。清末民初名画家吴昌硕（1844—1927年）等曾绘清供图，反映当时民众的喜好[②]。有艺术史学家指出，清供图在清朝末期至民国（1912—1949年）初期更为流行，受众更广，尤其深受城市居民的喜爱[③]。

梅林珍藏的花卉题材玻璃画中，有部分作品以自然环境的繁花入画。17—18世纪末的早期玻璃画也可见类似设计[④]。藏品中的其他花卉题材玻璃画则更接近清供图，这类题材在早期玻璃画作品中则较罕见。将不同时节的花卉并置于同一画面的构图趣味横生。例如，《吉祥清供》（图录编号：B067）把分别代表夏、秋、冬3个季节的莲、菊、梅并绘于一画之中。另一幅相同主题的玻璃画《吉祥清供》（图录编号：D208）将莲花与水仙并绘入画。这些作品将人们喜爱的花卉组合在一起，并非为特定节庆而制。这种画法与20世纪初流行的清供图一致，大众并不介意画中景物源自不同时节。石榴、桃、柿等象征祥瑞的水果亦被绘入清供图主题的玻璃画中[⑤]。这些琳琅的果蔬为画面增添多重美好的寓意，故受观众喜爱。

除了香花蔬果，玻璃画师选绘的清供雅物也值得注意。例如，《吉祥清供》（图录编号：B067）描绘书籍、茶壶、机械时钟及插在花瓶里的如意。如意为意颂顺心如意的吉祥物，常见于清代的清供图中，乾隆帝御笔作品中也可见如意[⑥]。画师有意营造文人空间，

① 吴明娣，戴婷婷. 圣而凡，华而简：清供图源流［J］. 南京艺术学院学报（美术与设计版），2019（1）：141.

② 安超. 中国花鸟画清供题材研究——以近现代"清供题材花鸟画"为主线展开［D］. 北京：中央美术学院，2019：9-11.

③ 吴明娣，戴婷婷. 圣而凡，华而简：清供图源流［J］. 南京艺术学院学报（美术与设计版），2019（1）：142.

④ Thierry A. Chinese Reverse Glass Painting 1720-1820: An Artistic Meeting between China and the West［M］. Bern: Peter Lang International Academic Publisher, 2020：35-39.

⑤ 石榴旺丁，桃喻寿，柿喻事事如意。

⑥ 曹可婧. 乾隆朝宫廷岁朝清供图研究［D］. 北京：中央美术学院，2017：60.

以书籍入画，呈现清雅意境。机械时钟更值得加以圈点。梅林珍藏玻璃画中有一对美人图亦绘有机械时钟（图录编号：D068 和 D069）。17 世纪以来，机械时钟成为颇吸引中国消费者的西洋舶来物，属宫廷或上层阶级的富贵人家才能拥有的奢侈品。清朝覆亡后，更多民间消费者才开始拥有机械钟，甚至乡郊地区的消费者也可购买时钟 [1]。画师似乎也注意到这一西洋舶来品的流行程度，引时钟入画。清朝末期至民国初期，玻璃制品走进寻常百姓家 [2]。玻璃除作建筑和汽车用材以外，还常被用于制造有装饰功能的物品，颇受消费者欢迎。玻璃与钟表均象征西洋舶来珍品，以机械钟入玻璃画，是这一时期清供画的创新尝试。

　　中国的玻璃画生产原来是为了满足西方市场的需求，梅林珍藏的玻璃画精品则反映了玻璃画绘制生产所经历的本土化进程。该进程固然非一蹴而就，或在 18 世纪末已经开始。梅林珍藏玻璃画向我们展示了玻璃画中融入的中国艺术传统元素，尤以年画的影响最大。玻璃画绘制使用油彩，色彩对比更鲜明，画中的风景、人物和器具形象亦更为生动。此外，一些早期玻璃画的特色仍可见诸 20 世纪的画作，足证这一艺术形式在发展过程中保有内在一致性。在当时的中国，玻璃是新兴绘画媒介，玻璃画强化图像的装饰功能，使其更具吸引力。此外，梅林珍藏玻璃画中有几件不容忽视的特别佳作：这些作品的画面背景镀银，使其可做镜子使用。观者在欣赏玻璃画时，可见镜中的自己。镀银技术的应用使观众在赏画时，透过自我指涉，平添幽默意趣。这些玻璃镜画既见证了中国玻璃画生产绘制的本土化进程，亦呈现其作为新兴艺术媒介，被应用到民间艺术和装饰艺术领域的创新成就。

　　GXS

---

[1] Frank D. Exotic Commodities: Modern Objects and Everyday Life in China [M]. New York: Columbia University Press, 2006：185.

[2] 曹南屏. 玻璃与清末民初的日常生活 [J]. "中央研究院"近代史研究所集刊，2012（76）：116–130.

民间故事

曲艺表演

李云亭工作室
中国北方，天津市或河北省东部
1932 年
447 毫米 × 655 毫米 | 395 毫米 × 598 毫米
D134

　　这幅玻璃画取景自河北省唐山市的萧山区，该区矿产资源丰富。台上有两位女乐师正在演奏，戏台背景是一幅山水画。坐着的乐师弹拨三弦，右侧歌者以铁制快板和鼓保持节奏。两位客人坐在戏台前品茶，一位拨玩胡须，另一位吞云吐雾；另有侍者一位。画师以此三人入画，代替观者如市的宾客。

　　戏台上的牌匾有"同庆书馆"的字样。书馆亦称茶书馆，指有曲艺表演的茶楼。萧山区商业和娱乐业繁荣，有若干间书馆，其因创立于乐亭县和鸾山镇的曲艺种类"乐亭大鼓"而大受欢迎。

　　窗上有款识显示"壬申年（1932 年）李云亭绘"。20 世纪 30 年代，玻璃画画师李云亭活跃于天津或河北。李氏画作与其他民国时期颇负盛名的玻璃画艺术家（如吴葆贞）的作品类似，合成构图多取材自文学或戏剧场景①。

　　RM

---

① 类似的李云亭玻璃画作可参见 Rupprecht M. Bolihua: Chinese Reverse Glass Painting from the Mei Lin Collection［M］. Munich: Hirmer, 2018. 图版。

输华山

中国北方
1928 年
453 毫米 × 652 毫米 | 401 毫米 × 597 毫米
D132

　　这幅画描绘京剧造型人物，款识为"输华山，戊辰荷月作"①。戏台上，宋朝开国皇帝赵匡胤（927—976 年）勾红脸、着黑衣，正与道教学者陈抟（也写作陈传，871—989 年）下围棋。赵匡胤紧握双拳，神色激动，伸出右臂；陈抟则从容自若，避免与对手发生任何眼神交流。画师增绘一名童子立于两人前，激动地指向前方，以增加戏剧张力。

　　这幅画描绘了 18 世纪时吴璿所著传奇小说《飞龙全传》里的情节②。相传在 960 年，青年赵匡胤称帝之前，连败两场棋局，快把银子输光。陈抟见状，提议以华山作赌注。赵匡胤同意，并将文契刻入悬崖峭壁。据传，时至今日仍可寻见痕迹。小说里描写赵氏最终把华山败予陈氏，其后继的宋朝皇帝亦信守承诺，免去华山周围的租税。

　　XJH

---

① 荷月为农历六月，因为此时荷花正盛开。戊辰年是干支纪年 60 甲子中的一个。推测该作品或完成于 1928 年，因为京剧演员及编剧杜文林（1880—1946 年）在 20 世纪 20 年代编排和演出《飞龙传》，包括画中戏剧场景。
② 吴璿生平资料罕见，其或活跃于雍正和乾隆两朝。

白蛇盗丹

李云沛工作室
中国北方，河北省昌黎县
20 世纪 30 年代
448 毫米 × 647 毫米 | 396 毫米 × 595 毫米
D276

《白蛇传》是中国民间最流行的神话传说，故事雏形成于南宋（1127—1279 年）时期。传说，具有神力的白蛇精变成绝色佳人，在其侍女青蛇的陪伴下，下凡到人间。在凡间，白蛇和许仙坠入爱河，缔结为夫妻。由龟精变成的法海和尚出于妒忌，设计怂恿许仙将夫人打回巨蟒原形，许仙被惊吓致死。

白娘子救夫心切，为求可令凡人长生不死的仙草，奔向道教掌管长寿的神仙寿星处。她与寿星之侍从仙鹿和仙鹤激烈打斗后，终如愿获得可令亡夫起死回生的仙草。画中，白蛇刚刚结束战斗，宝剑放在地上，并手执灵芝仙草。仙鹤与仙鹿伴于人物两侧，凝视着白娘子。

此场景曾多次出现在玻璃画和版画的诸多版本中，绘制者时而延伸故事场景，时而添加细节或人物。另有版本精简故事情节，仅示白娘子与寿星之会晤。这幅玻璃画镜面较大，施以不透明的棕色、米色、绿色和蓝色颜料。画师试图通过肤色深浅对比，并描绘白娘子颈部皱褶与寿星前额皱纹，以勾画人体结构特征。

画面右下角长方形题签标有"白蛇盗丹"的字样。款识下是画师李云沛之签名，位于仿印玺三角形框内[1]。画师李云沛曾在地处北京东部的昌黎县，开设"万义全"玻璃画店[2]。

AM

---

[1] 李云沛的签名亦出现于其他玻璃画作中。

[2] 关于李云沛的更多数据可参考：赵柏林，刘艳春. 中国平板玻璃画 [M]. 石家庄：河北科技出版社，2006：209。

游西湖

中国北方，河北省（传）
20 世纪 30 年代
449 毫米 × 652 毫米 | 393 毫米 × 597 毫米
B414

　　这幅玻璃画描绘《白蛇传》中许仙泛舟游览西湖的场景。画师在镜面仅以寥寥数笔勾描出浅蓝色波纹、湖畔植物以及游船左右两侧盛放的四朵莲花，来界定湖面。白娘子与侍从小青正饶有兴趣地凝视撑伞避雨的许仙。随着故事情节的发展，首次相遇时，许仙把伞借给白娘子。镜画左下角长方形款识签条内的字样示意，这是为人们所熟知的场景——"游西湖"。

AM

断桥相会

中国北方
民国早期
261 毫米 × 329 毫米 | 223 毫米 × 293 毫米
B162

　　这幅画描绘《白蛇传》中青蛇小青打许仙，白娘子正欲制止的场景。场景刻画生动：许仙倒地举双手防卫，小青姿态夸张，手举双剑出击，白娘子站在两人中间护卫丈夫。

　　画作表面填满颜料，以黑色粗线勾描三位主角。笔墨矫健，可见若干生硬的尖角，亦见柔软且小心处理的勾绘。画作采用高饱和、搭配协调的蓝色、绿色和白色，深浅不同，细节处理添以其他颜料。

　　该故事情节源自明代小说家冯梦龙（1574—1646 年）于 1624 年编写的《警世通言》第二十八卷民间传说——《白娘子永镇雷峰塔》①。人们将戏剧剧本印在廉价纸张上制成小型绘本，在城镇与乡间广泛流传。基于这些绘本的戏剧表演在日常生活中无处不在，故此能够达到雅俗共赏。《白蛇传》传说故事的通俗图绘较冯梦龙的原著小说文本更受欢迎，并常见于戏曲改编。

　　AM

---

① 这部影响深远的民间文学著作的英译本首次由杨曙辉和杨韵琴完成，于 2005 年由华盛顿大学出版社出版。

藏舟

中国河北省
20 世纪 30 年代
458 毫米 × 653 毫米 | 397 毫米 × 599 毫米
B354

　　这幅画中立于船头的女子为胡凤莲，她是京剧《藏舟》中的人物。故事里，渔女凤莲之父被卢府少爷打死。田玉川路见不平，为护凤莲之父胡彦，竟失手打死卢府少爷。在逃避官府追缉的途中，田玉川巧遇胡凤莲，并恳请她渡他过扬子江。渔女为玉川之义举所感动，双方互生情愫。她以传家宝蝴蝶杯相赠，并私订终身。历经千辛万难后的年轻爱侣终喜结连理。这幅玻璃画描绘的场景就是，江夏县令之子田玉川正遭官兵追捕，凤莲助其藏于舟中。

　　该画背景通体呈镜面反光，画面里湖天相接，水面波纹稀疏，处理类同于玻璃画《白蛇盗丹》（图录编号：D276）《游西湖》（图录编号：B414）和《断桥相会》（图录编号：B162）。画中人物服装皱褶和花纹处理细致。虽然无艺术家签名，但是这幅画和 D276、B414、B162 号玻璃画均可能由李云亭于 20 世纪 30 年代时创作。

　　RM

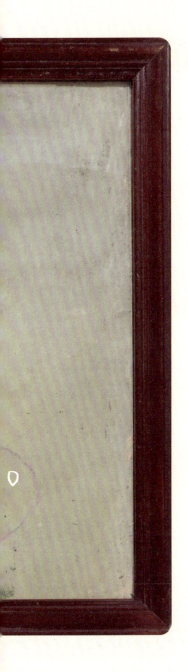

八仙过海

中国北方，山东省
民国时期
580 毫米 × 713 毫米｜442 毫米 × 647 毫米
A099

　　此图描绘"八仙"中的三位神仙——李铁拐、何仙姑和吕洞宾正在过海。白线从李铁拐的法宝葫芦口浮出，示意葫芦中有长生不老的灵丹妙药。白线亦以类似方法于承载何仙姑和吕洞宾的独木舟周边出现，以制造神仙们腾云驾雾和浮水之效果。

　　民国初期，吴葆贞在山东省莱州市东关街经营玻璃画店铺，出售镜子和反绘玻璃镜画①。吴氏传授独门作画风格和技艺予三名学徒。吴氏许多作品呈现明显的地方风格，源自位于中国东部海岸的山东省莱州市。这幅作品和第 A092 号作品即为典型例子。该画可见吴氏风格，轮廓均以金色和银色凸显出来，人物面部、肩膀和服饰纹路均添上额外颜料，创造出低调的明暗对比，作塑型之用，避免使用西式的光影明暗对比法。

　　中国民间艺术常将画面填满，而吴氏熟悉传统纸本绘画。他注重画面的疏密平衡，以达张弛有度。其众多玻璃画的镜面留白处较大，更大程度地使用了镜面的镜子功能。吴氏及其类似风格的镜画中，人物及其周边有大面积的留白，吸引观者注意画中人物及镜中自身成像，观看体验犹如移动于魔幻空间。

　　WM

---

① 参见魏明. 山东莱州地区及吴葆贞玻璃画考察报告［D］.
　　北京：中央美术学院，2010. 最新研究表明，吴葆贞原在
　　北京任宫廷画家，后来在 1910 年和 1935 年活跃于莱州。

周敦颐爱莲花

中国北方，山东省
民国时期
469 毫米 × 670 毫米 | 392 毫米 × 696 毫米
A092

　　北宋哲学家周敦颐因爱莲花而闻名。在《爱莲说》一文中，他提出个人的行为准则，把莲喻为"花之君子"，与喻为"花之隐逸"的菊花和"花之富贵"的牡丹形成对比。这幅玻璃画描绘周敦颐与其仆人，亦即其书童，一同赏莲的场景。周敦颐常以头戴高硬挺拔的帽子的形象示人。而这幅玻璃画和由海北友雪（又名忠左卫门，1598—1677 年）于 17 世纪中期完成、现藏于大都会艺术博物馆的画作，以及北京颐和园长廊的彩绘，均展现了着装休闲的周敦颐形象[①]。

　　人物较深色的部分呈现了中国画的笔法风格，而莲花由红趋白的色彩渐变，则呼应工笔画的艺术风格。不同于西式透视的原则，青蓝的莲花盆别具特色，颜色由外至内加深。于盆子底部，银或金的轮廓线为第一组勾勒的线条。故画师作画时必定经过深思熟虑，才能确保形状与后来涂上的颜料层相一致。

　　在吴葆贞的玻璃画（或泛指莱州地方风格的玻璃画）中，银色和金色的轮廓线常被用于勾勒人物长袍和头饰，画中关键人物常以复杂的轮廓线描摹勾绘。例如，在这幅画中，周敦颐长袍上的图案样式匠心独具，而书童的衣服样式则较简单。

　　WM

① Kaihō Y. Zhou Maoshu Admiring Lotuses［EB/OL］.［2020-12-16］. https://www.metmuseum.org/art/collection/search/671056. 亦参见：刘宝军. 颐和园长廊彩画故事全集［M］. 北京：外文出版社，1996：104.

吕不韦巧归异人

中国北方，山东省
民国时期
526 毫米 × 733 毫米 | 432 毫米 × 638 毫米
A112

　　这幅玻璃画描绘的历史人物各怀心思，场景取自发生在公元前 265—前 260 年的传奇故事。中国当时处于战国时期，诸侯国间互换君主的公子作为人质，让他们为本国的一举一动负责。画中两位蓄着胡须的人物受金钱利益驱使而合作，而另外一对年轻人则相互吸引。铭文写道："吕不韦巧归异人。"

　　此场景参考的情节为秦国国力强大，攻打邻国赵国，太子异人作为质子，面临被处决的风险。富商吕不韦承诺拯救异人，并助其登太子之位。为此，他贿赂公孙干将军。将军纵使不情愿，亦要负责看守人质。在谈判的过程中，异人对吕不韦的姬妾赵姬甚是喜爱。吕氏明知其已有身孕，仍把赵姬许予异人。赵姬与即将继位称王的异人结为夫妻。她诞下子嗣后，吕氏宴请各路人马。趁公孙干将军在宴席中喝醉，吕氏协助太子逃回秦国。其子后来成为中国首位皇帝——秦王朝的开国皇帝秦始皇。

　　赵姬即使在门口半遮半掩，仍似乎主导着整个场景。相比之下，太子异人的形象软弱，充满媚态，无法抗拒美色诱惑。

　　秘传赵姬已有身孕之事纯属后世儒学家们的杜撰。他们对秦始皇深恶痛绝，故而对其和家人下笔丝毫不留情面。如此一来，秦始皇的母亲成为备受关注的历史人物，常见于通俗艺术媒介的演绎。这幅画的背景是一面镜子，整体构成三维空间，有着精细的线条和恰当的透视比例，推测该画由吴葆贞或其圈子的画师所绘。

UN

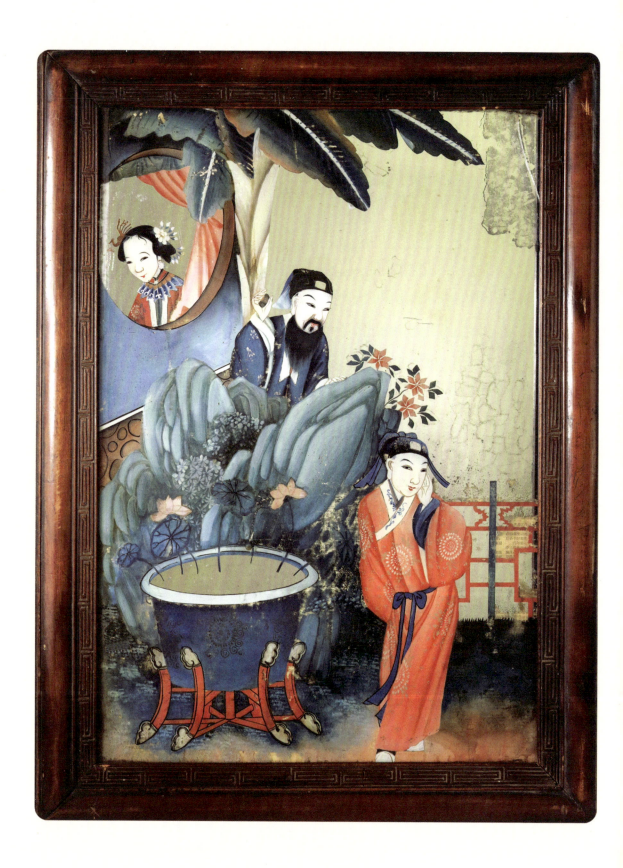

唐伯虎点秋香

中国北方
清朝晚期或民国早期
574 毫米 × 433 毫米 | 482 毫米 × 333 毫米
D220

　　唐寅（唐伯虎，1470—1524 年）为明朝时期出色的画家。有不少故事记载他的生平，但都并无太多历史依据。其中一个讲述了他与翰林学士华太师府上的女仆秋香的浪漫爱情故事。唐寅对秋香一见钟情，隐姓埋名到其府上，自荐成仆人。他文学修养出众，被聘为府上少爷的家庭教师。书法家祝枝山（1460—1526 年）有天拜访华府，惊见经久未见的友人唐寅在这里教书。唐寅撰诗恳求他不要揭露自己的真实身份。

　　这幅画描绘祝枝山和唐寅于花园会面，秋香则在窗户之后。唐寅对身边的事物漠不关心，沉浸于对秋香的遐想之中。祝枝山躲在石头后面，从口袋里拿出一个砚台，准备扔向唐寅，试图惊醒他。

　　不少戏剧皆有探讨唐寅对秋香的一往情深，《三笑姻缘》便是一例。冯梦龙的短篇笔记体小说《唐解元一笑姻缘》为重要的早期典籍，后于 1624 年收录于冯氏的短篇小说集《警世通言》。

　　UN

女子赴考

中国北方
民国时期
379 毫米 × 566 毫米 | 328 毫米 × 507 毫米
D251

　　这幅玻璃画所绘场景取自京剧《翠凤楼》，情节参考 19 世纪初叶的小说《绿牡丹全传》。小说中，效忠唐朝宗室的将领鲍自安，借女子考试的机会，伙同花振芳带女儿金花和碧莲进京，更得清廉贤明的宰相狄仁杰相助，铲除一众贪官污吏。两女的科举成绩出类拔萃，金花善文，碧莲善武。鲍氏后带同手下，突袭某次宴会，铲除贪官污吏。他们于塔内纵火，并在随后的混乱中逃脱。后来，狄仁杰得以组织军事政变，迫使武则天立她的儿子皇太子为中宗皇帝。

　　该剧大概率与史实无关，但确实谈及历史人物，如中国首位也是唯一一位女皇武则天及其宰相狄仁杰。武后废黜其子并登上皇位为史实，但为女子建立考试制度，使她们有资格成为文武官员的情节，则纯属虚构。

　　这幅玻璃画描绘鲍自安（左）、花振芳以及他们各自的女儿金花和碧莲。人物身份能由各自文武装束分辨。在中国戏曲中，将领后背会插三角旗（靠旗）。靠旗通常饰以龙纹刺绣，于古代被视作额外的盔甲，代表将军所统领的兵力，并在战场上作识别阵营之用。

　　RM

何仙姑与武则天

中国北方
约 1915 年
598 毫米 × 397 毫米 | 547 毫米 × 344 毫米
D298

　　神话故事相传，武则天在统治初期，对赞颂何仙姑（后成为八仙之一的道教人物）智慧和学说的非凡故事有所耳闻。于是，女皇命朝廷特使长途跋涉，将何仙姑带进皇宫。何仙姑受邀，并随使臣一同乘御用马车返回京城。在他们即将渡洛河之际，何仙姑突然消失得无影无踪。使者大惑不解，拼命寻找而不果；空手而归以后，他于御花园内遇见何仙姑，更得悉女皇已会见了何仙姑。

　　这幅画描绘特使站立在宫殿的露台上。下方花园里，何仙姑正携篮子收集草药，为穷人制药。画面四周饰有梅花和竹叶，边角则有"破冰"纹饰。这些母题象征着春暖冰融，石榴则象征着土地肥沃。

RM

四美钓鱼

中国北方

清朝晚期或民国早期

418 毫米 × 565 毫米 | 321 毫米 × 472 毫米

A037

这幅玻璃画色彩丰富，本是镶嵌在插板式案上屏风支架内的作品，描绘了小说《红楼梦》主人公贾宝玉和他的 4 位玩伴一同钓鱼的场景。这幅画取自小说第 81 回，讲述了宝玉堂姐迎春被逼嫁人，脱离亲朋，前景暗淡无光，宝玉正为此痛心不已。宝玉当时在家里的花园闲逛散心，遇上其同父异母的妹妹探春正和 3 个女伴钓鱼。她们热闹的谈话声吸引了宝玉的注意①。宝玉不满她们未邀他加入，便躲在花园山石之后，往水里撂了块石头。游鱼惊走，女孩们吓了一跳。

被惊吓到的女孩们因为宝玉的捣乱而气恼，他便劝她们同他比赛钓鱼，如占卦一样，说着："谁钓得着，就是他今年的运气好。"②女孩们轮流证明了自己的旺相后，该轮到宝玉钓鱼了。

宝玉骄傲地称自己将重演姜太公钓鱼的"盛"况。姜太公是周朝的开国元勋，在成为辅佐周文王的军师前（约公元前 11 世纪），太公隐居。据传，这名贤才在受周王重用前，垂钓时用空竿离水面 3 尺，愿者心甘情愿上钩。宝玉性急，不但吓跑了鱼，还不小心将鱼竿断成两截，钓鱼以失败告终。这预示着小说后来将发生的事件，更加剧了宝玉因迎春嫁走而感到的失意惆怅。

HK

---

① 除探春外，该场景还有宝玉寡嫂李纨的两个堂妹李纹和李绮及宝玉伯母的侄女邢岫烟。

② "有鱼"与新年祝颂语"有余"同音。

宝玉观棋

中国北方，山西省（传）
清朝晚期或民国早期
358 毫米 × 57 毫米 | 293 毫米 × 387 毫米
A154

　　这幅画描绘《红楼梦》的主人公贾宝玉观看两位年轻友人对弈。该画取自小说的第 87 回，妙玉正下关键一子，以胜利姿态举起她的典型道具麈尾。她向对手惜春解释，此招叫"倒脱靴"，惜春苦思不知如何应对。宝玉失笑，笑声让女子听见了。出家人没有把围棋视作得体的消遣活动，宝玉的出现打破了妙玉下棋的兴致。结尾时，宝玉提出陪她到访隐居修行处栊翠庵，妙玉欣然应允。端茶侍女常见于小说插图，示意大观园的主人公们过着闲适安逸的生活。

　　这幅画色调以蓝、红和绿为主，背景中的树木与 18 世纪欧洲风景画的风格类近。此特点亦出现于混合广州风格的作品中，吸收了西洋绘画元素，也影响后世玻璃画风格。该画风亦常见于产自山西的玻璃画，加上别具特色的蓝色地板，或推测该作品是在山西省创作的。

　　HK

惜春作画

中国北方
约 1930 年
493 毫米 × 688 毫米 | 397 毫米 × 596 毫米
B450

　　这幅玻璃画描绘《红楼梦》中最受欢迎的场景之一——贾宝玉的堂妹惜春作画，友人围伴其左右观看。该画灵感或出自第 45 回的片段。推测惜春身边的人是宝玉（可从其独特的头饰辨识）、他同父异母的妹妹探春、嫂子李纨及宝玉未来的妻子宝钗。

　　在小说《红楼梦》中，贾母之夫贾代善和惜春的祖父贾代化是兄弟，贾母令惜春画大观园。大观园原是贾府为宝玉应选入宫做妃嫔的大姐元春省亲而修建的别墅①，建筑众多、高雅华丽。在第 18 回中，元春归省题其园之总名曰大观园，并请她的弟弟妹妹和表兄弟姐妹入园居住，独乐乐不如众乐乐。大观园遂成为小说的主要场景。

　　贾母委托惜春作画时，构想的是一幅大型全景画，详细再现园中建筑景点。其后，她将画作范围扩大至对住客的描绘。惜春擅长即兴画水墨画，跟随直觉作画而不是写实，因此她对绘制这幅命题画作兴趣乏乏，拖延许久②。随着时间的推移，惜春的友人常在其画室里聚会，所以他们也经常出现在惜春的画作上③。

　　HK

---

① 安德鲁·普拉克斯（Andrew Plaks）于 1976 年开展的关于红楼梦中人物原型和寓言的研究中，将大观园诠释成其蕴含全人类生存的寓意，稍显夸张。
② 我们无从知晓惜春这幅画是否完成。《红楼梦》关于惜春作画的描写最后出现在第 82 回。
③ 探春唆使惜春等友人相聚组成海棠诗社。诗人们才情卓越，从海棠花获得灵感，乃以花名为诗社命名。林黛玉最具作诗天赋，但她在诗社新组时身体抱恙，故并未出现在第 45 回的那一节。但是因为这幅画以诗社经常雅集之场所——惜春的画室为对象，所以黛玉很可能是画中围观女子之一。

晴雯撕扇

中国北方
民国时期
508 毫米 × 717 毫米 | 442 毫米 × 646 毫米
D079

　　这幅画呈现《红楼梦》第 31 回中颇荒诞的戏剧性情节。丫鬟晴雯（左）当着宝玉和另一名丫鬟麝月的面撕破珍贵的名扇。农历五月初五端午佳节间，宝玉及其母赴午宴，心情糟糕，踉跄而归。晴雯给宝玉换衣时失手，跌折扇子骨。宝玉便训斥了她几句。晴雯牙尖嘴利，还击一通。袭人来劝架，想尽快平息事端，晴雯又和袭人吵。袭人一不小心说出了"我们"，被晴雯抓住他们风月私密之事，一阵讽刺。

　　宝玉向晴雯道："将打发她出去。"十二岁时，宝玉在袭人主导下初试云雨，这桩秘事不便让他人知晓。所幸林黛玉进来，打趣道莫非他们为争粽子而气恼。

　　傍晚时分，宝玉赴表兄薛蟠家的端午节晚宴。赴宴回来的宝玉微醺，瞧见晴雯怡然自得，正靠在榻上小憩。他贴近晴雯，与其坐在一起，发表爱物论，即如若晴雯喜听那撕扇或瓷器碎裂时的声响，就故意摧毁这些日用美物也可使得，以其泄气却万万不可。晴雯听罢，立刻相信了他，向他要一把绢扇，以听其心爱的撕物声。宝玉坦然接受，撂下一句"千金一笑"（千金难买一笑）①。这时，丫鬟麝月走进房间，宝玉立即取了自己的扇子，递给晴雯撕。

　　这幅画捕捉的瞬间为麝月一愣，宝玉从旁安抚。他指向收藏名扇的木椟，示意晴雯随意取扇来撕。晴雯终称其倦了，第二日再撕，结局欢乐。奉茶侍女由画师自行添加，显示大观园中人物生活舒适优渥。

　　HK

---

① "千金一笑"的谚语典故出自公元前 8 世纪的西周末期。故事中，周幽王见其宠妃褒姒终日不笑，为博伊人一笑，特赠其丝绸数捆，让褒姒一听其喜爱的撕绸声。褒姒未几对此生倦，故幽王听从谋士的建议，点燃烽火。烽火本为紧急军事报警信号，诸侯即起兵勤王，褒姒见诸侯白跑一趟，逗得发笑。然其后外敌入侵，因为诸侯上次受到愚弄，纵烽火四起，亦置之不理，终致西周灭亡。

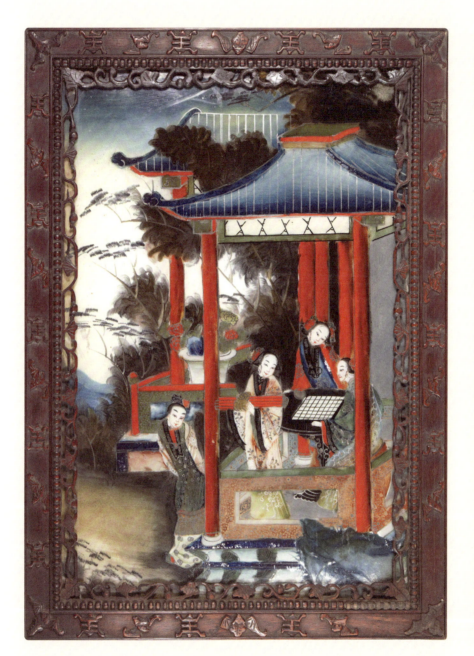

《红楼梦》之"琴棋书画"

中国山西省（传）
清朝晚期或民国早期
574 毫米 × 422 毫米 | 497 毫米 × 344 毫米
D147
574 毫米 × 423 毫米 | 497 毫米 × 344 毫米
D148

　　这对玻璃画描绘红楼梦大观园雅致的园景，贾宝玉身边有 3 位女性陪伴。各幅画中分别绘有琴、棋、书、画之两件[1]。左侧玻璃画中，宝玉站在远处，他的同伴们携着画卷，并摆好围棋盘准备对弈。右侧玻璃画中，宝玉从琴盒中取出琴（宝玉不弹琴，而他爱恋的对象林黛玉会弹奏古琴），有一位女子正在整理书籍。

　　牡丹、莲花、芭蕉树和假山石构造出奢华的背景，配以镶有蔓叶装饰花样、珍珠绲边、连续蝙蝠纹和"寿"字纹的木刻装饰边框。背景中的树木使人联想到 18 世纪欧洲风景画，朱红色立柱和这些树木令人联想到描绘祖籍是山西省的唐朝功臣郭子仪之寿宴的 19 世纪时期玻璃画[2]。

　　RM

---

① "琴棋书画"的"书"一般意指书法，此处作书籍。
② 类似主题的玻璃画参见 Rupprecht M. Bolihua: Chinese Reverse Glass Painting from the Mei Lin Collection [M]. Munich: Hirmer，2018：106-108.

梨园谱

中国北方，山东省（传）
民国时期
444 毫米 × 646 毫米 | 392 毫米 × 593 毫米
D252

　　这幅玻璃画描绘"梨园谱"戏曲场景的主角，后来登基成为唐朝第二任皇帝太宗的李世民（599[①]—649 年）。在其皇子时期，曾在梦中造访天国，其最重要的谏臣魏徵（580—643 年）随行相伴于侧。天国里，着皇袍的皇子正欣赏长生不老的仙子演奏弦乐，歌舞升平。在缥缈的香烟中，五只蝴蝶起舞，示意仙子超凡脱俗的身份。

　　皇帝醒来时，命魏徵组建一个戏班和乐队。魏徵应允，向高官子弟征集艺术家，组成梨园，即皇家音乐和戏曲学校。后来"梨园"一词指代整个音乐和戏曲界（为戏班的别称）。

　　梨园戏曲故事常和唐玄宗（685—762 年）关联起来。在他的统治期间，成立了梨园，举办的戏班活动、音乐和戏曲学校统称为梨园。只有这部歌剧把这些事件归因于唐太宗。

　　RM

---

① 还有说李世民于 598 年出生。

梅开二度

中国北方
清朝晚期或民国早期
526 毫米 × 729 毫米 ǀ 466 毫米 × 661 毫米
D307

梅开二度

中国北方
清朝晚期或民国早期
469 毫米 × 673 毫米 | 398 毫米 × 602 毫米
D075

这两幅玻璃画（D307 和 D075）和梅林珍藏玻璃画的另外 7 件作品描绘了京剧片段"赏梅识破"，是戏曲剧目《二度梅》的一折，取材自 18 世纪同名古典小说 [①]。

该剧讲述吏部尚书 [②] 梅伯高因得罪唐代（618—907 年）奸相卢杞，被判失官抄斩。梅伯高的同窗陈日升为友人的遭遇鸣不平，悲愤交加，辞官归隐故土。后来在梅花盛开的日子，陈氏偕妻、子、女（杏元）在园中散步。他得知梅树由新来的年轻园丁栽种，邀其一同进餐。提及梅公祭日时，园丁面露伤感。

第二日即梅伯高忌日，陈氏摆案祭梅公，风雪打落梅花。悲恸中，其决议削发为僧，除非败梅重开。梅开二度实属罕见，如发生此现象便意味着梅家仍有后人延续家族血脉。

当园丁听闻杏元在花前祈祷梅开二度时，亦焚香暗祭祈愿。神仙听到他们的祈祷后一同商议，派梅公下凡令梅树二度盛放。陈氏族人见此奇迹，跪地感恩行祭礼。两幅玻璃画描绘的正是此情景。

后来，陈公得悉府中年轻园丁为梅伯高之子梅良玉，便将女儿许婚良玉。历经千辛万难后，两人终成眷侣。

RM

---

① 该小说节选有德文译著问世。
② 吏部尚书为中国古代官名，此职可追溯至秦朝（公元前 221—前 207 年）。

韩湘子三度林英

中国北方，天津市、河北省或山东省
约 1920 年
542 毫米 × 388 毫米 | 498 毫米 × 345 毫米
C090

　　韩湘子为道教万神殿八仙之一，民谣、戏剧和小说等各类文学作品均以多样的方式
演绎他的传奇故事。这幅玻璃画描绘的故事版本为韩湘子出家后，经 3 年苦修净化，终
习得永生。他的妻子林英思念亡夫情切，每天于花园烧香、敲木鱼。画中香炉旁的地板
上有一只木鱼，常做祈祷用。韩湘子被香火吸引，乘云翩翩而至。他携一把毛掸和盛满
桃的果篮，前者象征着超凡脱俗，后者则象征着精神不朽。传说，韩湘子在历经 3 次失
败后，才度妻成仙。

　　此外，还有两幅年画对韩湘子的故事有相似的演绎，其中一幅完成于清朝晚期，来
自天津附近的杨柳青年画，另一幅则来自山东潍坊[①]。这幅玻璃画运用强劲的黑色笔触，
使人联想起类似的年画风格。值得注意的是，于这幅玻璃画和年画中，韩湘子都不带笛
子，与他常见的形象略有不同。

　　RM

---

① 前者参见 Wang 和 Ma（2000）的图版 10，后者的范例则出现于 Shandong（1999）的图版 73-74 中。

真假牡丹

中国北方，河北省（传）
约 1925 年
472 毫米 × 677 毫米 | 378 毫米 × 583 毫米
B217

  晋剧《真假牡丹》于明朝问世，至今仍深受欢迎，被改编成小说、戏剧及电影等形式，亦成为装饰艺术的常见主题。

  该玻璃画中的人物是牡丹小姐（真牡丹），她在花园散步回屋后，发现另一位牡丹小姐（假牡丹）在窗下躺着。由鲤鱼精变成的假牡丹小姐占据了她的闺房，甚至连个性都相仿，更取代其在家中的小姐地位。假牡丹鲤鱼精此举一方面是出于无聊，另一方面则是因为其听到真牡丹的未婚夫在湖边朗诵诗文后，情不自禁地爱上了他。陪侍丫鬟站在小姐左边，以疑惑不解又难以置信的神情看着观众，这种姿势在玻璃画中较罕见。

  RM

百里奚听琴

中国北方
清朝晚期或民国早期
452 毫米 × 649 毫米 | 402 毫米 × 594 毫米
B183

　　这幅画中，春秋时期（公元前 770—前 476 年）的秦相百里奚正神情凝重地端坐着，身旁站着侍女和一名头戴凤凰帽的贵族女子。他通过歌声辨识出演奏者正是其分离多时的妻子。在他身后，有一只仙鹤立于松石上，作长寿的象征，位于另一侧的牡丹则象征着财富和位高权重。

　　玻璃画款识"晋白听琴"以不熟练的书法用笔完成。"白"字本应为与其同音的"百"字，题写有误，最后一个字更是笔画颠倒。玻璃画款识须反笔倒序题写，故常出现笔误。百里奚是虞国人，他在世时虞国被晋国吞并。

　　《吕氏春秋》记载，虞国人百里奚字井伯，年三十余，娶妻杜氏，生一子。因家贫，欲出外求仕，念妻子无依，恋恋不舍。杜氏曰："妾闻'男子志在四方'。君壮年不出图仕，乃区区守妻子坐困乎？妾能自给，毋相念也！"临别，妻抱其子，牵袂而泣曰："富贵勿相忘！"奚遂去。

　　后来，百里奚官至秦穆公（约公元前 682—前 621 年在位）的大夫，享尽荣华富贵。杜氏自丈夫出游后，遇饥荒，携其子辗转流落，以浣衣为活。后秦穆公府上求浣衣妇，杜氏自愿入府浣衣，勤于捣濯。

　　一日，百里奚坐于秦穆公府上听乐。杜氏自荐："老妾颇知音律，愿引至庑，一听其声。"府中人引至庑下，言于乐工，问其所习。杜氏曰："能琴亦能歌。"乃以琴授之。杜氏援琴而鼓，其声凄怨。乐工俱倾耳静听，自谓不及。再使之歌，杜氏曰："老妾自流移至此，未尝发声。愿言于相君，请得升堂而歌之。"杜氏扬声而歌，追忆当年临别时，烹煮家里最后一只雌鸡，厨下乏薪，乃取扊炊之，而今郎君尊享荣华富贵。曲词激起今日已富贵的百里奚和发妻当年的回忆。百里奚闻歌愕然，认出原配夫人，悲恸良久，终于破镜重圆。这幅玻璃画所描绘的正是这对夫妻相认的场景。

RvF

三娘教子

中国北方
清朝晚期
457 毫米 × 356 毫米 | 407 毫米 × 306 毫米
D317
460 毫米 × 358 毫米 | 387 毫米 × 283 毫米
D318

三娘教子

中国北方
清朝晚期
464 毫米 × 362 毫米 | 401 毫米 × 314 毫米
B225

这 3 幅玻璃画所绘情节均出自著名戏曲剧目《三娘教子》，其中玻璃画（图录编号：B225）或出自不同的画师。戏曲典故原基于纪传体史书《后汉书》。约 1650 年，小说家李渔（1611—1680 年）基于典故，将故事改编为《无声戏》的一回。

该戏存有诸多不同版本，情节均关于薛广有的第二位妾王春娥（三娘）。薛氏之妻生一子，乳名倚哥。薛广有出外经商，多年音讯杳然，后家渐衰落。妻和第一位妾不能耐贫，先后带着几乎无余的家当离开薛家。三娘誓与老仆薛保留在薛家，含辛茹苦，抚养倚哥，送之入学。

倚哥在学堂被同学讥为"无母之儿"，令他惆怅若失，甚至愤在心头，遂出言顶撞三娘。玻璃画（图录编号：D318）描绘三娘正怒不可遏，将刀立断机布以示决绝，告诉倚哥若想有番成就，定必用功读书。玻璃画（图录编号：B225）描绘薛保竭诚劝导，让倚哥跪在三娘面前认错，母子始和好如初。自此，倚哥勤奋苦学不辍。

戏剧尾声，薛倚金榜题名，考取新科状元。其父后官至兵部尚书。父子相认团圆一家，荣归故里。玻璃画（图录编号：D317）描绘三娘王氏因贤良忠义而受表彰，获得荣赏之冕的情景。

RM

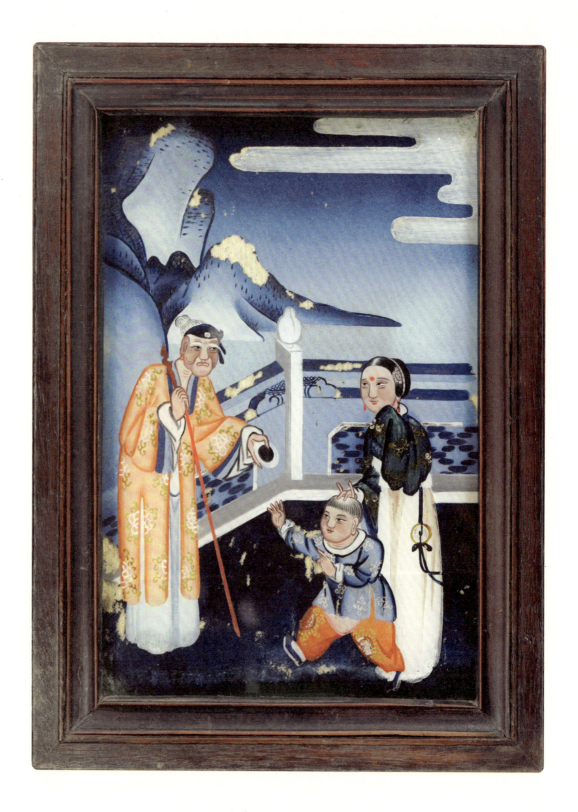

老母赐丹

中国北方，山西省（传）
清朝晚期
228 毫米 × 166 毫米 | 182 毫米 × 121 毫米
D036

　　这幅小型玻璃画描绘 3 个人物：女子、小孩和性别难辨的长者。右边女子指向孩童头顶秃了的部位，左侧长者向两人出具一神秘物件，孩童正笑着伸手去拿。

　　孩童并没有显得异常痛苦，可推测其秃病并非如麻风病严重的疾病。画中女子或为道教神仙老母，熟谙治愈儿童秃病。使用的药方或为含有引经药物（如桐树油、猪油或芝麻油）且与多种草药或矿物混合的油膏或药膏。黑色膏药或含焦油，与其他药物成分相结合可配成治疗秃病的药方，多见于中医文献。

　　右边女子或为孩子的母亲，她眉间点有朱砂，或为于端午节时（农历五月初五）用作驱瘟避邪的习俗。画中诸多视觉元素之间的关系并不十分清晰，它们饱含丰富精彩的文化符号和传统习俗，亦可见于梅林珍藏的其他玻璃画精品，其蕴含的意义多已被今人遗忘。

　　UU 和 PU

天仙送子

中国北方
1919 年
383 毫米 × 533 毫米 | 342 毫米 × 483 毫米
C009

　　这幅玻璃画描绘一对夫妇正供香求子[1]。阳台（或花园）摆着一张长长的天地桌。丈夫烧香，妻子立于他身后，紧握双手，以示恭敬。在想象中，夫妇求子的心愿已实现：送子天仙臂托男婴，搭乘专载贵族的篷车。男婴右手执寿桃，左手握拨浪鼓（或称鼗鼓）。仙女身旁的侍者拿着一盏莲花灯，示意为黄昏时分。侍者身着草披斗篷，示意其亦来自仙界。

　　画面左侧人物在香火和祥云中若隐若现。云层上是仙境之山脉、树木和宝塔。云彩以黑白相间的方式绘制而成，笔触令人联想到山东潍坊地区的手绘年画之风格。款识题写画作标题"天仙送子"及绘制年份1919 年[2]。

　　RM

---

① 汉学家胡松教授系统性地阐述了民间信仰与传统中医诊疗的关系。参见 Paul U. Unschuld, Medicine in China: A History of Ideas［M］. Berkeley: University of California Press, 1985：29–66.
② 类似意象的图像作品可参见 Rupprecht M. Bolihua: Chinese Reverse Glass Painting from the Mei Lin Collection［M］. Munich: Hirmer, 2018：126.

刘备招亲（龙凤配）

中国北方，河北省
约 1930 年
449 毫米 × 654 毫米 | 391 毫米 × 597 毫米
B331

　　玻璃画描绘刘备迎娶东吴之主孙权的妹妹孙尚香，正待进入其闺房。新娘身后站着一位侍女，而刘备身旁，另有侍女提灯笼，表明是夜深时分。窗外有一棵梧桐树。"桐"与"同"音同，寓意夫妻琴瑟和谐。

　　此场景源自罗贯中所著小说《三国演义》之第 54 和第 55 回——《龙飞凤》（亦称《龙凤配》）①。龙和凤分别象征皇帝与皇后。

　　当时，刘备、孙权和曹操正争夺天下大权。赤壁大战后，刘备借东吴的荆州不还。周瑜向孙权献计：以其妹孙尚香为饵，利用美人计与刘备联姻，趁机扣刘氏为人质，讨还荆州。孙尚香之母吴国太设宴款待刘备，钦佩其个性，立即相中未来的女婿并首肯婚事，导致孙权设局失败。

　　在其他刘备招亲的图绘中，长矛和斧头常设于新娘闺房。刘备初见闺房里武器时大惊，以为是陷阱，后方知晓孙尚香自幼喜爱舞枪弄棒。这幅画未绘兵器。

　　RM

---

① 英文翻译参见 Brewitt-Taylor C H. Lo Kuan-Chung's Romance of the Three Kingdoms: San Kuo Chih Yen-i, 2 vols［M］. Rutland and Tokyo: Charles E. Tuttle Company, 1959.

时迁偷鸡

中国北方，山西省（传）
民国早期
348 毫米 × 435 毫米 | 284 毫米 × 368 毫米
D296

　　这幅画中的 3 名人物出自施耐庵所著小说《水浒传》。乾隆年间的宫廷大戏《忠义璇图》选自梁山英雄传说的传奇剧本。在这些小说和剧本的基础上，清人钱德苍编著《缀白裘》，增补、选编戏曲剧本，时称《落草·偷鸡》。经改编的《时迁偷鸡》京剧选段于 20 世纪 10 年代广泛上演，京剧名丑王长林（1857—1931 年）的表演颇受欢迎，或为该玻璃画之原型[①]。

　　该剧讲述石秀、杨雄和时迁 3 个逃犯正准备投靠梁山。画面正中的人物是逃犯杨雄，他因杀淫僧淫妇被官府通缉，与石秀（右侧）结拜为兄弟。画面左侧的人物是时迁，他擅长小偷小摸，以盗墓为业。该场景根据戏剧剧本创作，时迁偷了店家的公鸡，手里抓着纸做的公鸡，就着烛火，将其燃烧成焰，趁势食之、咀嚼间口喷火焰。这段时称一绝的艺术表演将剧情推向高潮，众多地方戏剧都表演此剧目。

　　RM

---

① 1910 年，来自广东的戏班在马来亚、新加坡和荷属东印度巡演该剧。

携鸟男子和年轻女子

中国北方，山西省（传）
20 世纪 20 年代
261 毫米 × 229 毫米 | 204 毫米 × 161 毫米
A014

这幅小型玻璃画背景呈天蓝色，人物肤色采用清透的粉红色，颈部可见独特的皱纹处理。基于这些特征，或推测其绘制于山西省。镜框下方角落的细节处理可见该玻璃画原作座屏使用。

该画内容待考，或描绘明朝作家冯梦龙于 1627 年出版的白话小说集《醒世恒言》中的短篇选段（第 17 卷）。故事讲述了一个吝啬的巨富，他年轻的儿子与一众年轻人相伴，离家求学。这个儿子很快成为典型的纨绔败家子弟，假意读书，每日逃学，吃喝玩乐，不学无术。在其姐夫的帮助下，他改过自新，重被家人接纳。画中年轻女子打扮时髦，着装风格为民国早期时尚服装；另有一只被猎来的鸟，这些代表着由吃喝玩乐所致的空虚快乐。后者被用来描绘打猎，明朝对打猎持负面看法，尽管在清朝打猎被视作高雅的消遣娱乐。画中男子握住鸟的手并未戴手套，由此可推测画师仅从小说角度了解打猎，尚欠实践经验。

RM

二进宫

中国北方
清朝晚期或民国早期
248 毫米 × 187 毫米 | 183 毫米 × 121 毫米
B170

　　这幅玻璃画出自流行京剧《二进宫》，主角为明隆庆帝（1537—1572 年）遗孀李艳妃，其怀中婴儿为未来的万历皇帝（1563—1620 年）。李妃正准备放弃垂帘听政。她深知定国公徐延昭（左）与兵部侍郎杨波（右）效忠明朝，力保皇室血脉延续，可托六尺之孤。

　　这场戏中，两位大臣猜测李艳妃之父李良企图篡位，都竭诚奏请李艳妃不再摄政，并托付幼主于朝臣。其后，国丈李良封锁昭阳宫，使李艳妃和太子与外隔绝，篡位之心昭然若揭，李艳妃始感悔悟。当两位大臣冒着生命危险复入后宫时，李艳妃采纳其谏言，反抗自己的父亲，李良最终因叛国罪被斩。

　　《二进宫》的故事以多样的地方戏剧风格被演绎，梅林珍藏玻璃画中另有一件作品亦描绘相同主题，或为两位大臣初次进宫时的场景。

　　RM

吉祥清供

花鸟主题玻璃画（一对）

中国
清朝晚期
395 毫米 × 300 毫米 | 342 毫米 × 243 毫米
D311
396 毫米 × 299 毫米 | 342 毫米 × 243 毫米
D312

这组对称的玻璃画描绘早春鹊舞和牡丹盛放之图景。题材模仿传统的写实风格工笔花鸟画。一双喜鹊栖息于山石上的玉兰花枝头。纤细的花枝承托着盛放的饱满绿牡丹花苞，被葱郁的绿叶围绕着。渐变用色突出立体感，贴近现实。牡丹花为中国艺术品中常见的花卉主题，有"花中之王"的美誉。盛放的花朵寓意财富、高尚、好运和优秀。常言道：牡丹虽好，终须绿叶相配。喜鹊胸前毛羽洁白，深色尾羽甚长，形态优雅。绿牡丹与吉祥鸟的组合有报喜之美意，象征婚姻美满和忠诚。

HS

花鸟主题玻璃画（一）

中国
清朝晚期
411 毫米 × 559 毫米 | 365 毫米 × 514 毫米
B147

　　这幅玻璃画借鉴传统吉祥画的图像，配以镶嵌装饰纹理的木制画框和支架。红色与粉色相迭的牡丹花苞在葱郁的绿叶簇拥下盛开，上面有一只头部轻微倾斜、正展翅于含苞待放的花朵上的鸟儿，栩栩如生。在绘制前，画师对花枝的长短、伸展角度和构图进行了精心规划，花朵娇艳欲滴，鸟儿色彩斑斓。画师粗笔勾勒出庭院山石崎岖的纹理，呈现出深浅明暗不同的色调，石上留白烘托出空旷安宁的氛围。这些吉祥图案作为清雅供品陈列于富贵人家的厅堂。

　　山石后方水仙花盛放，秀丽茎干簇拥在旁。乳白色的花瓣自然舒展，鹅黄色的碗形花蕊芬芳素雅。水仙在春天翩然而至时开放，常用于庆贺农历新年时，祈福繁荣昌盛和好运。水仙不惧凛冽寒冬，象征着纯洁和美丽。传统中国文化中水仙花有"湘水女神"或"凌波仙子"之美称。人们将象征高洁品德的水仙花和屈原（公元前 340—前 278 年）联系在一起。屈原是爱国忠君的楚国大臣和创作《离骚》的杰出诗人。他在眼看祖国即将灭亡之际，深感自责，悲愤绝望，投汨罗江自尽。

　　HS

花鸟主题玻璃画（二）

中国
清朝晚期
417 毫米 × 568 毫米 | 374 毫米 × 491 毫米
B153

　　一双寿带鸟（亦称"绶带鸟"）栖息于玉兰枝头，周围环绕着生长于裸露山石之上的山茶花与海棠花，象征着"玉堂富贵"。此作品制作考究，笔法细腻，色彩华丽丰富，仿照"双钩填彩"之绘画风格。绘画背景为银色，以红、绿及蓝色为主色调，强调花瓣与枝叶的光泽感。寿带鸟羽被缀以曙红色，与传统中国画中秋海棠的颜色相近。此作品对绶带鸟的刻画，寓意婚姻美满幸福、天长地久。因中文"寿"字指代长寿。"绶带"意指官员印信上所系的彩色丝带，故该画的另一层寓意为仕途升迁的美好愿景。

　　HS

花鸟主题玻璃画（三）

中国
清朝晚期
380 毫米 × 536 毫米 | 337 毫米 × 492 毫米
D384

　　此幅玻璃画描绘不同绽放阶段的红粉牡丹。位于画作左上方与右下方的两朵牡丹蓓蕾初绽，另两朵则怒放吐艳。画师施以红、粉、蓝、绿等丰富颜料，精心呈现牡丹与山石的渐变色层。一只长尾鸟栖息于岩石，凝视远方冉冉升起的红日。鸟羽色泽流动，优雅艳丽。其翘首远瞻的姿态象征实现目标的踌躇雄心。

　　HS

鲜花及学士书斋清供（一）

中国
清朝晚期
403 毫米 × 562 毫米 | 362 毫米 × 517 毫米
B177

　　鲜花和书法手卷为常见的清雅供品。居玻璃画前景的两件花瓶由雕工细致的硬木托承接。左侧木托上为 3 朵大红色、粉色和乳白色交接的菊花，具有圆满丰盛的效果。右侧木座的三脚矮圈足外撇，其上设有 U 型提梁的空心弧形编织花篮。花篮中插着鲜艳的粉色牡丹花束。长颈圆腹的瓷花瓶，通体施蓝色釉，肩部饰以金色花纹，瓶肩及瓶口边施以白釉。瓶身后的书法手卷由包首锦织物作装饰并包裹。清供玻璃画巧妙搭配组合备受人们喜爱的物象，传达出对富裕生活和知识的美好向往，含义丰富，表达中国文人的生活情调和精神追求。

　　HS

鲜花及学士书斋清供（二）

中国
清朝晚期
392 毫米 × 543 毫米 | 348 毫米 × 495 毫米
B124

　　这幅吉祥玻璃画描绘一篮菊花和牡丹花与一瓶硕大荷叶簇拥下的荷花。传说，菊之秋叶采自翡翠，花瓣冷清雕琢自金玉。菊乃秋日"黄金甲"，施以白色渲染花瓣，黄色点缀花蕊。"菊"和长久的"久"字音近，且中医认为菊花花瓣有药用功效，以菊入药的历史长达数百年，故其花语为长寿和喜悦。菊花左侧摆放着一对牡丹花枝。牡丹为富贵之花，其花语为爱情长永、生活和乐。

　　荷花与佛教关系密切，莲花出淤泥而不染，象征女性之美与品德纯洁。"荷花"的"荷"与"和谐"的"和"同音。蓝色瓷瓶饰有连续的如意纹与荷叶纹。如意纹象征着画中所描绘的吉祥清供之美好寓意均将实现。"瓶"则具和平实现愿景之寓意。盛有荷花的花瓶下有一对寿桃。人们视桃为长生不老的仙果，于长者寿辰时作为寿礼敬赠。

　　HS

吉祥清供（一）

中国
清朝晚期
324 毫米 × 422 毫米 | 262 毫米 × 348 毫米
B067

　　这幅玻璃画描绘书籍、茶壶、时钟、菊花与插置于瓶中的如意。如意字意为"如你所愿"，是意颂顺心如意的工艺品，亦出现在清代其他描绘雅玩主题的绘画作品中。几个世纪以来，道教对如意的关注，促成了灵芝形如意的产生。人们将如意与道教中所象征长寿的宝物联系在一起，将其视作馈赠佳品，尤作寿礼。在儒家学者的书房中，如意是权威的象征。书籍示意此画描绘的是文士书斋的场景，烘托出清雅格调。画中对西式机械座钟的描摹体现中欧视觉元素的交汇混合和清代中欧物质文化的交流。康熙皇帝（1654—1722 年）与乾隆皇帝（1711—1799 年）都因热衷于钻研艺术与科学而著称。他们不仅在耶稣会传教士的帮助下收集众多机械钟表，还令紫禁城内的宫廷钟表匠将欧洲的钟表技术与清朝的视觉品位结合在一起，制造新的钟表。诚然，帝王的兴趣促进了宫廷内外钟表工艺的发展。

　　HS

吉祥清供（二）

中国
清朝晚期
518 毫米 × 706 毫米 | 452 毫米 × 622 毫米
B277

　　这幅玻璃画背景敷以黑色，运用浓郁丰富的色彩描绘莲花、鲜果与学士书斋用品，并以实木雕刻画框装裱，内边镶嵌珍珠与交替的蝙蝠纹，寓意幸福欢乐。此画作将文人渴求知识进步的抱负与其对自然之爱结合在一起，呈现令人愉悦的和谐之美。莲花出淤泥而不染，代表纯洁的品格。因其根茎坚固地埋入土中且花果繁茂，被视为中国传统家庭观念中坚贞不渝与婚姻和谐之象征。明亮的果实点缀着生动的色彩，绿叶郁郁葱葱，画面传达了对美满生活的期盼。

　　HS

吉祥清供（三）

中国
清朝晚期
555 毫米 × 408 毫米 | 513 毫米 × 364 毫米
D208

　　这幅玻璃画描绘了一对吉祥宝物。作为庆贺新年的清供雅玩，画面组合呈现巨叶拥簇下的莲花、红珊瑚枝、盛开的兰花、佛手、红绿色牡丹及莲蓬。此画还别具匠心地描绘各式瓷器，它们经过精雕细琢，千形百态、精妙绝伦。佛手属柑橘属，寓意好运和长寿，当与莲蓬一同呈现时更有多子多福之意。佛手通常被作为盆栽植物种植，其金黄果实溢出清香，为新春佳节增色添彩，亦可作为香品，使房间与衣物充溢着芬芳。这幅玻璃画绘制于能够反射蓝天的镜面之上。

　　HS

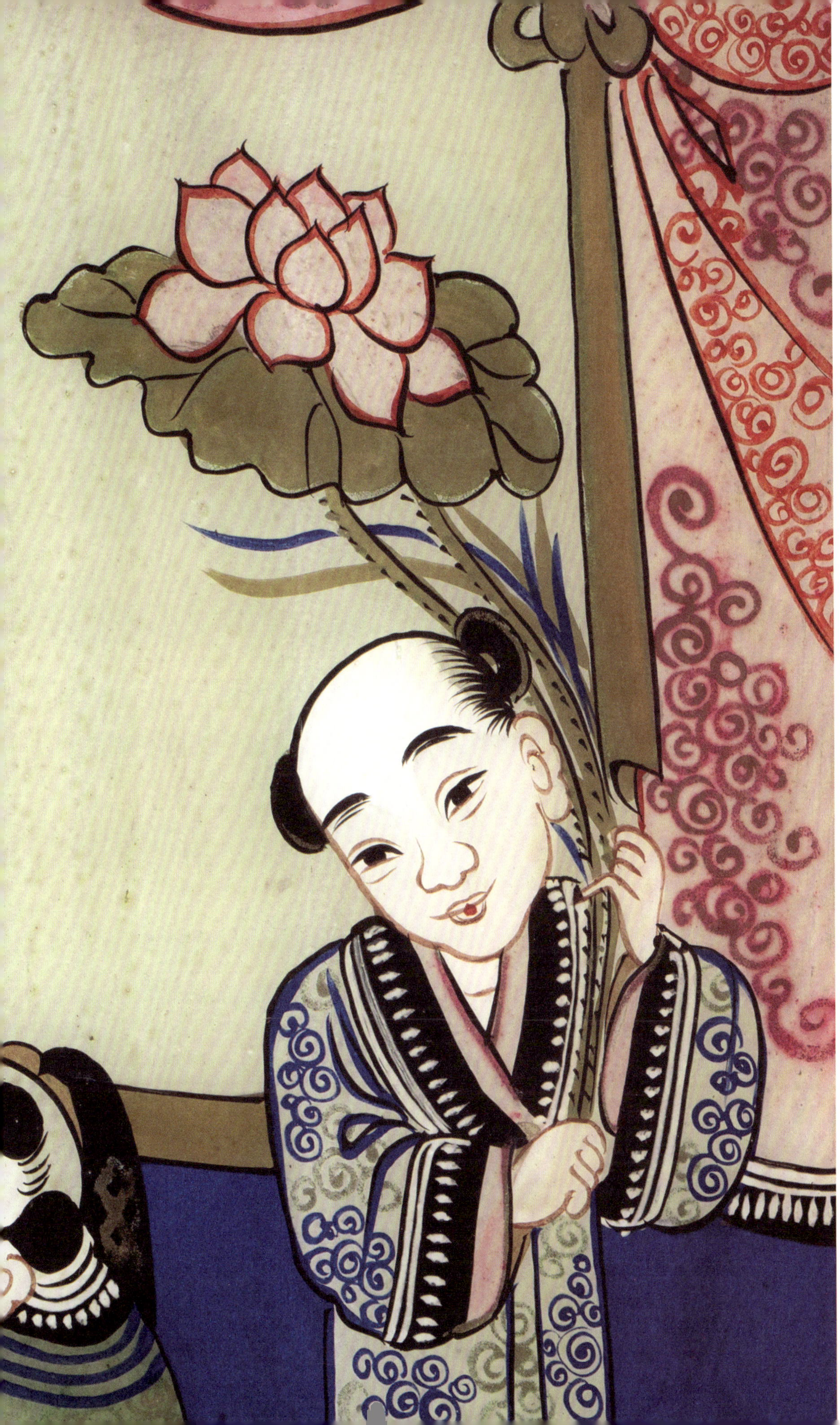

妇女儿童肖像

两女子会面

中国北方，山西省（传）

约 1914 年

567 毫米 × 423 毫米 | 493 毫米 × 343 毫米

E022

　　这幅玻璃画的创作灵感源自近代画家周慕桥（1868—1922 年）于 1914 年绘制的月份牌广告画。19 世纪晚期至 20 世纪初期，周慕桥为上海多家画报、杂志创作插画[①]。原稿是为英美烟草公司印制的香烟广告画，其后被玻璃画画师仿效创作。多处细节可见与原稿不同，如人物衣着上的装饰图案和取景地点。玻璃画画师增绘或为保姆的第三名女子、一张圆桌和一面风景画屏风。

　　这些绘画揭示 20 世纪初期，中国社会流行的服饰演变迅速。例如，月份牌广告画里右侧女子携一只现代西式手袋，而纵使当时女性缠足的习俗仍普遍存在，两女子皆为天足。原月份牌广告画采用自然风格和西方透视法，画风较现代，而玻璃画里人物面部的描摹则采用传统的地方性风格，如敷以粉红颜料的肌肤及颈部水平线皱纹，这些处理显得稍欠自然。观其风格惯例和蓝色背景，可推测该玻璃画绘制于山西省。

　　RM

[①] 周慕桥根据绘画题材不同，使用不同艺名，如梦蕉。他为《点石斋画报》和《飞影阁画册》绘制插图，亦有丝画问世。

母子图（一）

中国北方
约 1900 年
566 毫米 × 414 毫米 ǀ 511 毫米 × 357 毫米
B374

　　画中妇女坐在桌前，教坐在其膝上的儿子习练书法。女子装束为晚清风格，鬓边插鲜花发簪。幼子头戴圆帽，猪尾辫上扎红线，从帽顶徐徐落下。

　　桌上有一块石砚，一只携砚滴的盛水器和一小根墨锭。男童正提毛笔在纸上写下"上、大、人、化"这几个字。这些字源自旧时学童最初习字时的范帖，首见于 11 世纪甚至更早期的敦煌写本。从唐朝到清朝，中国童子描红习字，常写一种只有二十几个字的字帖名为《上大人》[①]。该帖文字笔画简单，蕴含中文字的基本笔画。这些范帖或采用描红字帖的版式，方便习练者就着空心的字摹写填字。这意味着不认字者亦可伴学童练字习书。而该时期的众多女性已然识字，且有能力指导学童习书。

　　RM

---

① 字帖原文为：上大人，孔乙己，化三千，七十士，尔小生，八九子，佳作仁，可知礼。

母子图（二）

中国北方，山东省（传）
民国时期
456 毫米 × 353 毫米 | 392 毫米 × 286 毫米
C087

　　这幅肖像画体现中国封建帝制时期，女性在家庭的地位取决于其承担生育子嗣、保证家族传承和宗庙祭礼之血脉延续的能力。妇女端坐于根雕木凳，正与 3 个幼子嬉戏。她身着晚清时期流行的宽袍和褶裙，胸前和袖口分别绣上（或编织）象征长寿的吉祥结纹样。宽袍上花朵纹样与女子身后窗帘上的纹样吻合。

　　画面各个人物均可见风格独特的"樱桃口"。点绛唇和新月眉为 1911 年前女性肖像画的常见妆容特征。伴妇女身侧的两童子剃同样的发式，为清代男童的典型发型。画面右方男童手握象征纯洁和谐的莲花枝，"莲"是"连"谐音，寄寓连生贵子。

　　玻璃画前景以蓝色示意地毯。蓝色区域连绵到立柱，创造画面三维立体空间感。基于以上特征、实色的画面，以及对线条和轮廓的强调，推测此画或绘制于山东省。

　　RM

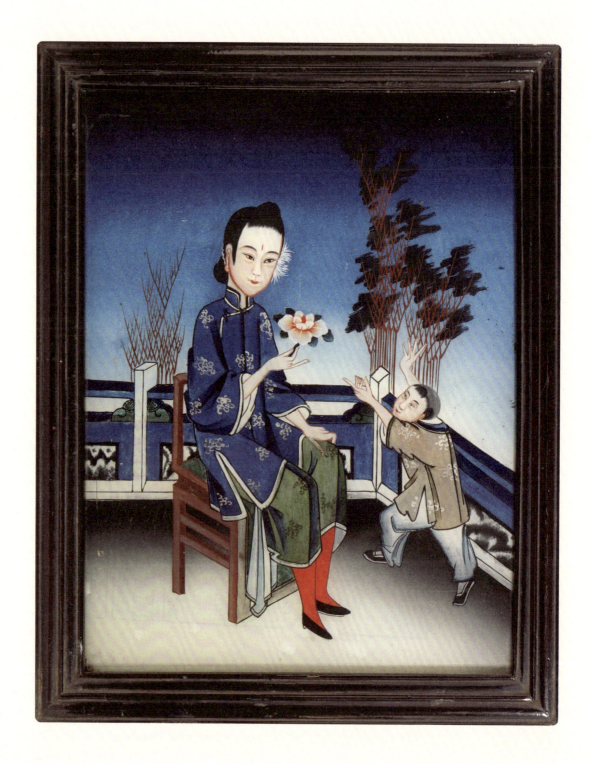

母子图（三）

中国北方，山西省（传）
20 世纪 20 年代
345 毫米 × 277 毫米 | 293 毫米 × 227 毫米
D396

　　画中女子坐在石栏环绕的庭院露台上，栏外可见形态优雅的树木耸立于庭园内。画面背景为蓝色，前景地面则采用灰色，两者皆由浅至深渐变。女子装束休闲舒适，露腕短袖设计为 1911 年辛亥革命后流行的款式。其手执桂花，"桂"因与"贵"同音，而后者有高贵、高级之意，故桂花象征高尚并寄寓书生寒窗苦读顺利通过科举考试，成为人中之龙的美好愿景，寓意这位母亲对高展双臂的儿子的前途满怀希望。

　　画中两处细节可见制作反绘玻璃画的难度较高。座椅前方以平板样式呈现，这可能是因为画师尝试绘制更逼真的三维构图而未能如愿。另外，女子左手大拇指的颜色处理亦有误差。

RM

吃西瓜的男童

中国北方
清朝晚期或民国早期
478 毫米 × 373 毫米 | 409 毫米 × 319 毫米
B381

　　这幅玻璃画寓意多子多孙的美好愿望。"儿子"的"子"同"瓜子"的子。画中男童笑逐颜开，正打开西瓜，露出多子瓜瓤。童子所穿肚兜是清朝时期小童传统的内衣。

　　RM

小官僚

中国北方，山西省
清朝晚期或民国早期
574 毫米 × 423 毫米 | 482 毫米 × 331 毫米
B064

画中男童五六岁，姿态放松地跷着腿。环绕其身的若干对象均具象征意义，前瞻男童未来将从仕。这些定制服饰对象对应代表古代九品文武官员之官阶。欧美人称中国清代的文武官员为"满大人"（Mandarins）。

男童所戴官帽占画面重要部分，尤为吸睛。"冠"即帽，与"官员"的"官"字同音。古代官帽上点缀以贵宝石及半宝石，如红宝石、珊瑚、蓝宝石、青金石、水晶、玉、金银，主体部分由彩色玻璃珠制成。官帽上插花翎由孔雀羽毛制成，只有皇室成员和高官才有资格佩戴[①]。花翎亦出现于 18 和 19 世纪时的绘画中，作装饰用，吸引西洋人。男童佩戴的长串项链为"朝珠"，以区分五品文官及六品或以上武官的官阶。

男童手握长烟管，吹口处为玉制。长烟管为又一件皇家赐礼，寄寓吉祥好运。也只有稚童会像对玩具一般，颠倒地把玩皇家珍具。桌上的瓶子用于盛放香烟，小碟或用于盛放烟灰。另一只手中的绣花鞋上有蝙蝠纹，"蝠"字与"福气"的"福"字同音，寓意洪福齐天。与蝙蝠纹相应和的是鞋前端象征永恒的佛教"万"字符（卍）。这些符号传达了清朝满族统治者崇奉佛教，以区分被其统治的汉人。

桌上物品的摆放方式就像生命地图，揭示了孩子成长发展的重要里程碑。孩子周岁生日时，家长举办抓周仪式，摆满各式与前途发展相关的道具：秤、尺、镜、毛笔、墨和砚、纸、书、算盘等。家庭成员和友人仔细观其抓周时所取，以预测前程。画中"小官僚"抓周结果明朗，他抓了一本书和一副眼镜。

CM

---

① 三眼花翎（眼即羽毛上的眼状圆斑）只会由朝廷授予清朝皇室成员之亲王、郡王、贝勒；二眼花翎只颁予满洲贵族；单眼花翎则赠予汉族贵族和六品或以上的官员。无眼翎赐纳赀而得，亦赐给宦官。

婚礼场景

中国北方
20 世纪 30 年代
456 毫米 × 649 毫米 | 396 毫米 × 592 毫米
B037

这幅玻璃画的前景为一对新婚夫妇和两名陪侍，背景呈镜面反光。新郎头戴古时殿试取进士者所获的簪花状元帽。人物身后的天地桌上摆着两根香烛、一束线香、一面圆镜和盛满粮食并插有三根箭羽的方形器皿。其上悬有一把弓，何以固定无从知晓。镜、弓和箭皆为禳除凶邪之工具。

弓箭向来为传统中式婚礼仪式的常备道具。根据中国北方的婚礼习俗，弓箭亦被运用于繁复的新婚庆典礼仪：新郎需用取下箭头的弓箭，象征式地射向新娘闺房、新娘身上或新房，此举可抵御一切凶神。该场景亦有可能源自待考戏剧情节。

此画运用彩色线条和透视法，以增强图像的层次感，可见西洋绘画对中国玻璃画的影响。人物衣服褶皱和脸型描绘处理细致，下巴尖较细窄，令人联想到玻璃画画师李云亭的作品 [如图录编号：D134 和 B354]。我们可推测这幅玻璃画绘制于 20 世纪 30 年代的天津或冀东。

RM

美人画

女子坐像

民国时期
567 毫米 × 422 毫米 | 513 毫米 × 363 毫米
B074

在这幅画中，年轻女子置身于椭圆镶板内，如此构图令人联想到旧式肖像照，吸引观者注意。她身着精致贴身旗袍，斜倚在覆纱椅上，姿态诱人，眼神朦胧地凝视观者。女郎左腿俏皮地翘着，现出绣花鞋包裹着的三寸金莲。盛开的大朵鲜花覆在其大腿和膝间，花色与垂顺的旗袍上的绣花一致。女郎梳清朝样式的发型，半裹黑色布制头巾，但其高领旗袍则较常见于民国早期的女子风尚。

这幅画模仿了郑曼陀（1888—1961 年）于 1914 年创作的一幅画[①]。郑氏活跃于民国早期的上海，当时广告画师绘制上千幅彩色海报，构成现代都市生活一道瑰丽的风景。郑氏因创作绘有扮相时髦的女郎展示商品的月份牌广告而闻名。这些被称作"月份牌"的挂历广告，是西式商业海报与以美丽女性为绘画题材的中国"美人画"的混合体。月份牌以挂历的形式出售，价格低廉，或作为庆贺农历新年的赠礼。郑氏原作的摩登女郎并未裹脚，膝间花型亦更小。或为了吸引较保守的本土玻璃画消费者，画师基于郑氏原作进行修改。

BS

---

① 郑曼陀早年善于使用西方画作的技巧，并接受过人物画的训练。他是月份牌广告画设计的先驱艺术家，以画笔记录现代中国女性形象之变迁，贡献重大。他所创作的女性形象新颖而时髦，在商业上很成功，并有很高的声望。他也是 1919 年五四运动、新民主主义思想的积极倡导者。

阅读中的女子

中国北方
20 世纪二三十年代
549 毫米 × 400 毫米 | 493 毫米 × 345 毫米
B073

　　这幅玻璃画中，年轻女子的打扮类似《女子坐像》（图录编号：B074）玻璃画上女子的打扮。她将手肘撑在高桌上，若有所思地将视线从正在阅读的书卷上移开。

　　其装扮体现民国早期女子服饰的简约风格，设计主张方便行动自如。浅蓝色侧开衩上装饰有如意结图案。喇叭袖流行于 20 世纪 20 年代，长及手肘以展露前臂。这类装束被称为"文明新装"，展示了中国后帝制时代新女性的现代生活方式。

　　女子佩戴精致腕表，而中国直到 1949 年才有国产手表，故此腕表当属舶来品，暗示该女子享有一定的物质财富。女子肤色雪白，两颊娇粉，妆容带田园风情。她乌发中分，后部简单束起，是当时典型的女学生发式。

　　女子在朴素的书桌前悠闲阅读。民国时期，众多年轻女性已接受新式教育。如此，她们发展出更为独立自强的个性，并逐渐打破中国帝制时期男权主导的诸多陈规。女性独立之进程始于大城市，尤其在上海，并终推进至其他省份。

　　BS

着红裤的女子

中国北方
民国早期
448 毫米 × 346 毫米 | 398 毫米 × 294 毫米
D183

　　一名年轻女子于瓷凳上歇息，跷腿而坐，并目不转睛地直视着观画者。她右手持梅花图案团扇，手腕配精致的西式手表。她身着橄榄绿色上袄，袄上搭配黑色纽扣，沿袭20 世纪 20 年代的时尚。女子黑发中分向后盘拢，属晚清样式。她后颈连接左耳根处别着一朵橘红色大花型发簪。

　　花瓶中伸出一枝牡丹，花瓣粉嫩的色调与女子的七分长裤相呼应，裤下露出三寸金莲。牡丹花与其脸庞差不多大小，以相同角度倾向观者；另有两枚花苞立于花瓶后部。在中国图画意象里，梅花与牡丹常象征着年轻贤德的女子之魅力，小脚也传达了画中女子对传统习俗的遵循。

　　然而，女子姿态妩媚，目光直视观者，又与妇人贞洁的形象形成鲜明对比。在 20 世纪早期，鲜有年轻女性会摆出如此具有挑逗性的姿态。女子媚态与现代装束更易令人联想到招贴宣传画中的都市风月女郎。

　　BS

端坐的女子

中国北方
中华民国
396 毫米 × 294 毫米 | 264 毫米 × 243 毫米
A173

这类肖像画通常展现歌女形象。画中年轻女子很有魅力，不是很前卫。女子身着白色旗袍，妆容如戏曲演员，其前额、鼻梁与下颌施白粉，双眸、两颊及耳部大面积晕红。直到几十年前，如此妆容于中国乡村仍被视作丽人的典范形象。女子头顶的白线有可能代表帽子的边缘。

旗袍为满族服饰，将传统中国元素与现代剪裁结合在一起。她所穿的这件旗袍饰有简单印花，领部有石灰绿镶边，高领旗袍在民国早期尤为流行。

年轻女子手执椭圆形团扇，上有蕙兰图案。这类花卉芬芳、浓郁、甜美，象征着春天与对多子多孙的祈求。在中国，白色历来包含多重象征意义，其中之一为贞洁。人们认为白色与思悼有关，并非完全正确。中国丧葬所用的素色实指淡且未经漂白的织物颜色。

BS

书房中的两女子

中国
清朝晚期
566 毫米 × 419 毫米 | 489 毫米 × 342 毫米
B269
566 毫米 × 419 毫米 | 489 毫米 × 342 毫米
B270

　　中国民间艺术应用倒像画的历史悠久，反映中国人普遍偏爱对称美。此外，玻璃画技术便于成对肖像画的制作。为创作出对称图像，画师只需翻转玻璃透明的部分，重新描摹复制画样轮廓即可。成对的倒像玻璃画多采用不同颜色和配饰，有些则微调人物姿态或局部细节。

　　值得留意的是，这对玻璃画中着晚清服饰的两位女子只是乍看相仿。观之愈深，所察差异愈多。例如，观者很快会发觉两者双足和鞋履具有明显差异。蓝衣女子有着三寸金莲，着小巧精致的绣花鞋，是典型汉族女子形象。玲珑娇小的三寸金莲被认作古代美人的必备特征。相比之下，未缠足的红衣女子穿满族"马蹄鞋"。木制鞋底平坦，以织物包裹，底部中央嵌以木头作高跟。满族女子不必缠足，然而着木鞋走路同样使其步态不稳，凸显娇柔和尊贵姿态。

　　乍看之下，这对女子身处的书房亦相同。墙壁饰有类似的花鸟画、古典中国山水画和部分文字被供品遮挡的书法竖轴。然而，红漆案台上的器物各异：缠足女子身旁的花瓶和盆景作装饰用，红衣女子身侧是象征高贵和长寿的红色珊瑚、香罐和悬于花丝架上的石制打击乐器磬（石磬）。各自书籍也不同：左侧画中的书上印有缝纫图案，右侧线装书可能是历史或文学典籍。

　　由上可见，两女子的社会地位相去甚远。蓝衣女子得意地将手歇在三寸绣花鞋上，红衣女子则将视线从正在阅读的线装书中缓缓抬起。女子读书的形象或为刻意呈现，反映出当时满族女性比同龄汉族女性享有更优越的教育机会。除特例，满汉通婚几乎被全禁，直至 1901 年才明文允许通婚。这幅画或为折射社会风气之变迁而制。

　　BS

着旗袍的两女子

中国北方
约 1910 年
574 毫米 × 416 毫米 | 498 毫米 × 338 毫米
D186
572 毫米 × 420 毫米 | 498 毫米 × 338 毫米
D187

两名身穿黑色旗袍的女子呈镜像对称，服饰的颜色深浅（左侧为深灰色，右侧为黑色）和编织图案（左侧为花卉纹，右侧为竹叶纹）有所不同。两件旗袍有相同的白色边线、盘扣以及民国早期典型的高立领。女子略被遮掩的瓜子脸，是中国美人的标志脸型。

左侧女子手持竹纹团扇，该纹饰象征君子美德；右侧女子所执团扇上书有贾岛（779—843 年）的著名唐诗《寻隐者不遇》："松下问童子，言师采药去。只在此山中，云深不知处。"

两名女子斜坐在圆形软垫上，镜像的背景由之字形的露台栏杆构成。她们都宁静地注视着观者。她们妆容朴素，浅淡的容妆突出其宽大的前额和发际线，头发偏分向后梳紧，更凸显了这一点。发间不见花饰，耳环秀丽精致而不张扬。

在镜像的背景下，人物形象显得简约而宁静。然而，黑色与红色构成的张力，使这幅画透露着神秘气息。根据传统的五行说（金、木、水、火、土），黑是冬天的象征，同时也代表荣誉与尊严；而红色则象征着火与夏天，亦代表欢乐与欲望。

因此，这两名女子的服饰、发型与表情象征着她们的优雅与社会地位，而明艳的红色软垫可被解读为感官享受，将她们与更为世俗的欢愉联系起来。

BS

台钟旁的两女子

中国北方
清朝晚期
571 毫米 × 409 毫米 | 517 毫米 × 362 毫米
D068
568 毫米 × 411 毫米 | 517 毫米 × 362 毫米
D069

这一对年轻女子图像呈镜像对称，只是颜色搭配与服饰图案有所区别。美人左右分别端坐，手中持扇，左侧团扇饰竹石图，右侧团扇饰石菊图。她们各自手执一本线装书，将一块手帕搭在腿上。她们身着交领右衽、宽袖的丝绸外褂，为清代传统服饰。

女子外褂上饰有花卉纹（左）和道教八仙纹样（右）。两人第一颗盘扣均饰有传统吉祥符号，但两者有着细微而有趣的差别：左侧女子的盘扣绣有蝙蝠图案，而右侧女子则饰有盘长结。

两幅画中最引人注目的应当是配有玻璃钟罩的西式坐台钟。不同于其他玻璃画，此处钟表上的罗马数字绘制正确，3 个小球与尖顶十字相交，可能是画家自行创造的图案。

西式机械钟在中国被视作身份的象征和珍贵的礼物。在清朝末期，这样的钟表成为照相馆中的寻常摆设，用以彰显来此拍照者的社会地位。发条技术在 16 世纪晚期由传教士引入中国。清朝皇帝，尤其是康熙皇帝和乾隆皇帝大量收集钟表。尽管精致的钟表代表了一项重要的技术进展，但是中国人却将它们视为身份的象征与装饰，鲜少作为计时工具。

BS

执竹纹团扇的女子

中国北方
清朝晚期
569 毫米 × 410 毫米 | 517 毫米 × 361 毫米
B210

　　女子平静地凝视着观者，前臂支于石质桌面上，身姿斜倚，构成柔和的 S 形曲线。她右手持绘有竹纹的团扇，纤长的小指指甲优雅地延长手部线条。

　　年轻女子脸型圆润，鼻子相对宽扁，浓眉呈长月牙形，这并不符合既有的审美标准，看起来反多一分乡土气息。女子全脸敷白粉，下唇中央点绛，似樱桃落于唇间，符合晚清时尚。

　　她留着整齐的短刘海，头发后梳，戴黑色花卉蝶冠抹额。蝶冠闪烁的银色，颇似女子立领及衣袖的镶边。绘制时，使用一种叫作"玻璃反向镀金"（法文原文：verre églomisé）的工艺，将褶皱银箔放置在透明玻璃下方，可以达到图中的效果[1]。

　　红色手帕绣有明丽的花卉图案，在桌面上铺开，与衣服的柔暗色调形成鲜明的对比。这类手帕几乎见于所有女性题材的玻璃画中，用于保护衣物或擦拭眼泪。在这幅画中，手帕强调女子风情。女子右眼上方有污渍出现在颜料层，可能由气候潮湿所致。这幅玻璃画可能来自山东省。

　　BS

---

[1] Rupprecht M. Bolihua: Chinese Reverse Glass Painting from the Mei Lin Collection [M]. Munich: Hirmer, 2018: 22-23.

执怀表的女子

中国北方，山西省（传）
清朝晚期
473 毫米 × 369 毫米｜412 毫米 × 313 毫米
B178

　　画中年轻女子正在欣赏一块打开的怀表，她的右臂将一块手帕压在宽松的蓝色旗袍上。丝绸长裙装饰有竹纹，袖口收紧，采用民国早期流行的高立领，一枝象征着忠贞与奉献的白菊花别挂于衣上。

　　英文 cheongsam 源自广东话"长衫"的音译，意指长裙，中国其他地区称之为"旗袍"。旗袍于 20 世纪 20 年代流行，其新颖之处在于凸显了女性的窈窕身材。

　　在铺有流苏桌布的桌上，摆着一朵白花和一颗桃子，桃子盛放于似漆碗的黑色椭圆器具中。另有一颗桃子悬在窗帘前。在中国，很少有水果像桃子那样充满着象征意味，它在传统上象征着长寿，其颜色则使人联想起年轻女子娇嫩的肌肤。桃同时有情色隐喻，指具有魅力的女子。

　　女子的服饰与体态突出了其独立与自信的气质。那枚怀表可能是她得以炫耀的时髦珍礼，也有可能是画室道具。

　　RM

执梅花团扇的女子

中国北方
清朝晚期
410 毫米 × 306 毫米 | 319 毫米 × 216 毫米
B005

　　竹枝下的年轻女子清冷一瞥，若有所思地沉浸于自己的思绪中。她周身被花朵环绕，这些花都具象征意义，表现了女子的贞洁美德：丝绸团扇中央装饰的梅花图案，代表美丽的单纯年轻女子；花瓶中的莲花，与相连的"连"和爱怜的"怜"同音；女子发间的牡丹则暗示她将步入婚姻，如古老民谣所唱"牡丹花开少年采"。

　　画面背景为镜面，织物图案的连接处亦以镜面呈现。女子装束为晚清中式风格。满族人穿着窄袖的长袍，影响着汉族女子的装扮。与满族女子不同，画中女子穿着宽松飘逸的长裙，是典型的传统汉人妇女装扮。在她宽松精致的丝绸长裙的上衣领处，醒目地绣有标志性"寿"字符。它与长青竹叶刺绣和叶状耳饰搭配在一起，共同寄寓吉祥美好的愿景，预示其将健康长命。叶形耳坠或为银制。

　　清末女性常将头发向后简单盘起，露出完整的前额。虽然背景色调暗淡，但花卉、女子的嘴唇及其衣袖袖口都采用明亮的橙色，使整体画面显得温馨而富有生气。

　　BS

执扇女子坐像

中国
清朝晚期
684 毫米 × 482 毫米 | 653 毫米 × 449 毫米
香港大学美术博物馆
HKU.P.2020.2495

在这幅玻璃画中，女子装扮和上一幅玻璃画《执梅花团扇的女子》（图录编号：B005）一样优雅，青丝紧紧挽成发髻盘，身穿半正装的琵琶袖衣衫，上饰以刺绣（称为"袄"）。其妆容符合当时的审美标准，顾盼有神的明眸微弯，一双柳叶眉宛若新月，鹅蛋形脸庞衬托娇俏的瑶鼻和芳唇，身材苗条，手指纤细。

就如众多清代美人画，画中女子周围的物件反映了她的财富、品位和学识，吸引着观者走进她的世界，既耐人寻味却又望尘莫及。其右手臂搁在精致的大理石桌面上，云鬟插有象征财富和贵族地位的牡丹。女子左手执团扇，上题写唐诗二首。诗歌选题适宜，体现其良好教养，传达了优雅闲适的生活方式。扇面右侧题写诗人贾至（718—772 年）的《早朝大明宫呈两省僚友》，左侧则为诗人杜甫（712—770 年）的《江村》。

《早朝大明宫呈两省僚友》

银烛朝天紫陌长，禁城春色晓苍苍。
千条弱柳垂青琐，百啭流莺绕建章。
剑佩声随玉墀步，衣冠身惹御炉香。
共沐恩波凤池上，朝朝染翰侍君王。

《江村》

清江一曲抱村流，长夏江村事事幽。
自去自来梁上燕，相亲相近水中鸥。

美人画历来和中国古典诗词关系紧密，尤其是有很多古诗词描写丽人于奢华绮丽场景［如唐朝长安（今西安）的大明宫］活动。美人画与诗歌的关系可上溯至宋朝（960—1279 年）。当时，宫廷画师在文学素材中寻觅描绘理想女性形象，发掘出丰富的有关女性和爱情的诗意图像。

BC

坐在凳子上的两女子

中国北方
民国早期
458 毫米 × 358 毫米 | 386 毫米 × 288 毫米
D210
458 毫米 × 358 毫米 | 386 毫米 × 288 毫米
D211

　　两位女子婀娜多姿，浅色背景中的黑色线条及深色背景中的金色线条更烘托出她们优美的轮廓。这种风格与 20 世纪前几十年所制成的玻璃画风格大致相符。

　　两女子坐姿呈 S 形，显得休闲而慵懒。两幅玻璃画的范本应为同一女子。除了她们衣服的颜色，画家亦细心地调整画面细节处，确保两幅画的对称性。

　　RM

两女子饮茶

中国北方
民国早期
399 毫米 × 297 毫米 | 348 毫米 × 247 毫米
D241
399 毫米 × 298 毫米 | 348 毫米 × 247 毫米
D242

　　两名女子正休闲地坐着品茗，凝视着画前的观众。房间素朴自然，为了与房间的氛围一致，女子身穿简单的和服式长袍，飘逸的丝绸质地与窗帘的柔和色调互相呼应。

　　镜内图像水平倒置，颜色则交叉调换。[①] 椅子带有软垫靠背，为西式设计；右侧玻璃画中，杯子和座位的一抹鲜红，为画中唯一鲜艳的点缀色彩。画家尤其注重窗帘的细节，类似于玻璃画画师李云亭于 1930 年左右完成的作品（如图录编号：D134）。

　　女子额头、鼻子和下巴皆施以白色粉底，为传统中式妆容，与她们时髦的西式发型对比鲜明。这种发型为 20 世纪 20 年代中国大都市的时尚潮流。梳子和一对简约耳环是唯一的首饰。

　　女子喝茶时把手放在膝盖上，是典型象征被动的姿态，而与此同时，女子直视着观众，营造了一种情色的氛围。

　　RM

---

① 画家在反笔渲染人物时，并未调整人物衣领（不如 D186 和 D187 对称），右边画作上女子衣领为正确的向右掩，但左边画作的女子衣领则向左掩。

圆镜框中两女子

中国
清朝晚期
直径 316 毫米
B155

画中两名女子衣着考究，面对面翻阅同一本书。左侧女子右手执书，她的身形略大过其同伴，亦可能更年长。

两名女子手臂纤细，戴精致发饰，相当引人注目。画中只呈现女子上半身肖像。右侧年轻女子以手肘撑在大理石桌面上，手持一把白底扇子，扇上有蓝色风景图作装饰。

女子衣饰优雅，色彩搭配和谐，衣袖装饰华美，与纤细的手臂形成对比。她们蓄长指甲，显得双手手指纤长。明朝以来，留长指甲在上流社会开始风行；到清朝时，女性的指甲有时可长达 8 ～ 10 英寸。长指甲的细节象征着女子的社会地位较高，有仆人为她们浣衣、做饭和穿衣。

画面右上角灰蓝色的窗帘被缠绕绑起，充当壁龛的作用，衬托着两位人物，避免镜面背景过于单调。玻璃画镶嵌在饰有金色花纹的圆形木框内。画框形状特别，应是原装画框。若要查明此点，需拆下画框检查玻璃画边缘处。

BS

镜花荟萃

梅林珍藏的中国玻璃画

携书女子和蓝色花瓶

中国北方，山西省
清朝晚期
563 毫米 × 407 毫米 | 511 毫米 × 357 毫米
B224

　　画中衣着典雅的妙龄女子坐在橙色窗帘的帷幔下。她从书中抬起头来，若有所思。女子手持线装书，枕靠着黑色木桌上的书本套册。另有湛蓝色的花瓶搁于桌上，瓶内插有莲花，花瓶旁边放着熟透的桃子。前者象征着纯洁，后者象征着长寿，同时令人联想到年轻女孩的肌肤。

　　女子身穿丝绸长袍，阔袖和交叉领属清朝时期的典型设计。衣领上缘的双线绣装饰格外华丽。她佩戴着精致的手镯和银丝耳环，衬托其亮丽高雅的风貌。

　　女子发型别出心裁，配饰美轮美奂，辫子亦装饰绚丽，尤其引人注目。长辫和双髻为未婚女子的特征。当时，大量精选的发夹、梳子、冠冕和人造装饰花定期从波斯和日本进口。

　　女子梳妆精雅，为典型的传统中式妆容。经拔眉处理后重新画眉，眉形纤细，宛若一弯新月。下唇中央施以圆点状胭脂，装饰樱桃小口。

　　透过精细描绘的长袍、窗帘和桌面，可见作画基于镜面，属山西省玻璃画的典型特征。

　　BS

撑阳伞遛狗的女子

中国
中华民国
1000 毫米 × 639 毫米 | 898 毫米 × 525 毫米
B419

　　一名年轻女子撑着精致的日式阳伞，正遛着俏皮小狗。她牵着狗沿斜坡漫步，从画中望向画前观众。

　　女子穿着新式及踝旗袍，蓝色旗袍上印有大花图案；风吹开侧缝襟翼，露出淡绿色裤子，上面印有抽象云纹。她的短袖高领旗袍合身，颈部饰有白色纽扣；裙子侧缝亦采用相同纽扣。棕绿色开襟小背心与阳伞同色，饰以形似长草的长叶兰图案，象征着春天和女性魅力。

　　卷曲的鲍勃发型凸显 20 世纪二三十年代都市女子的摩登气质和自信。当时的年轻女性，尤其是学生和女演员，抗拒中国传统，将头梳成西式发型。新兴的大都市（如上海）尤其如此，国际时尚之风潮蔓延迅速，高级时装和外国电影都广受欢迎。

　　整幅画绘于通体反光的镜面，可能受到传统的日本木版画或当代版画的影响。随着现代印刷机的普遍使用，这样色彩缤纷的图像于 1911 年左右开始生产。

　　BS

倚坐女子

中国
清朝晚期
474 毫米 × 682 毫米 | 407 毫米 × 618 毫米
A036

这幅玻璃画描绘一位雍容华贵的年轻女子。她上身微微倾斜，直视观者。蓝色真丝绣花长裤勾勒出腿部线条。女子的脚隐藏于窗帘后，隐喻地增添了情色主题。

她左手执饰一把有梅竹图像的团扇，右手托手帕。其着装风格属清朝晚期，上衣袖口宽阔，装饰以黑色和金色的几何图案，与女子身后窗帘的纹饰相呼应。

尤其引人注目的是女子较宽的杏仁形脸，眼部施以浓妆，画柳叶眉，佩戴叶形耳坠和黑色管帽，帽檐以白线作区分。

本玻璃画绘制于反光的镜面上，可以透过服饰和窗帘的花纹看到镜面。本玻璃画的木框以象征着长寿的"寿"字纹和象征着有"福"的蝙蝠纹做雕饰。

BS

麻姑仙子进酒图

中国北方
清朝晚期或民国早期
465 毫米 × 375 毫米 ┃ 388 毫米 × 288 毫米
B222

　　麻姑是道教所尊的长寿女神。在这幅玻璃画中，麻姑以面容姣好、婀娜多姿的年轻女子形象出现，着飘逸长袍和由树叶制成的围裙，簪红花以饰高髻。其身旁伴以象征长寿的仙鹤。

　　根据道教传说，麻姑成仙前曾 3 次亲见东海为桑田，足见其长寿。她经常拿着酒杯（或酒瓶，就像这里）和灵芝。在西方王母娘娘（另一个重要的道教人物）寿辰之际，麻姑以灵芝酿酒祝寿，这是传统的绘画主题，此图描绘的即是麻姑赴寿宴之场景。在中国部分地区，人们以麻姑图像作寿礼，庆祝妇女生日。这幅玻璃画应该类似寿礼图。

　　东晋时期人葛洪（283—363 年）所著的《神仙传》，首次对麻姑有出神入化的描写，后来诸多民间传说亦相继出现麻姑形象。

　　XJH

二、烟、香：关于焚香烟

供图像的背景和风格特征

部分梅林珍藏的反向玻璃画中描绘了香雾烟云从地表升起，或从特制的香炉中飘摇着上升。烟云被构想为载着祖先、菩萨、魔界和神兽返回人间的媒介，或通向梦想和愿望的路径。

玻璃画《韩湘子和夫人》（图录编号：C090）描绘一名女子正立在台阶上，翘首以待。她的侍从正在采集枝条、树叶、树皮、鲜花、种子和水果。画面后景的雅致桌台上陈设有香炉和香柱。在画面中，侍从正看着焖烧的香料燃烧成浩繁云烟，示意着她深爱的亡夫返回人间。熏烟使人间和神灵界的连接成为可能。

烟供和净化仪式在全球各地普及已有千年。烟供常见于宗教仪式、国礼和家礼，烟熏至今仍常被用于传统中医疗法。这些仪式可以用来驱魔，防止邪气入侵，且在实际生活中有防虫的功效。

在中文文献中，有关烟供礼仪的描述早见于长沙马王堆（公元前 168 年）出土的《五十二病方》、6 世纪时的《名医别录》和 8 世纪时的《外台秘要》。医学家和作家李时珍（1518—1593 年）所著《本草纲目》，首次出版于 1593 年，亦有若干烟疗案例的记录。

芳香植物可作为香熏之基础，包括多种用于制造香水、香料和焚香的、以植物、矿物或动物为基础的药物。对香熏产品的需求增长最早在唐朝产生，商品先途经陆路从西方运到中国，6 世纪时经由印度和波斯，8 世纪和 9 世纪时经由西亚，晚至 12 和 13 世纪时经由海路。

人类的舌头仅能分辨 4 种基本味道，然而通过嗅觉系统可辨识逾 1 万种香味，这也可解释为什么芳疗对人产生的影响很大。描绘梨园戏曲场景的玻璃画《梨园谱》（图录编号：D252）中，也有香炉中香烟缓缓上升的场景。蝴蝶在烟云中飞舞，可见特殊的触角，或为皇帝在梦中对长寿、爱和美的追求。由于人们相信香味由体内产生，再上升至头部，所以香烟被认为具有抵御和消除噩梦的功效。

古人相信焚香可使其与神灵和祖先沟通，以四溢香气迎神并引发神灵广施善恩。此外，具有刺鼻或苦涩的气味被认为可驱邪和抵御疾病。诸多有机物质混合形成刺激性气味，其中包括松树树脂、大茴香、硫黄、朱砂、雄黄、铜等。

焚香除了具有联结神佛先祖、扶正祛邪的功效，还可作为家居、服装、书籍和身体除虫的利器。烟熏可杀灭食物（尤其是肉类和蘑菇）中的细菌，亦有治疗皮肤病、痔病、腹部病症和妇科疾病之功用。

《本草纲目》中提及的有香氛的油、乳液或香熏，具有防臭除异味之功用，唐代时为妓女普遍使用。为了使身体散发自然芳香，她们甚至持续数年依赖香体药物[1]。

用于香熏材料的草药源自不同的动植物成分，包括灵猫香和麝香。在收采完成后，这些材料在阴处被晾干，以防香气消散。在多数情况中，推荐的做法是把材料研磨成粉末状后，再加热使其中的挥发油释放香气。

《本草纲目》亦就如何以最美观的方式呈现香料给出建议。它建议使用黏合剂混合材料，如磨成粉末状的赤榆皮、大米或面粉；再加入液体揉成面团，将面团揉成龙或蛇的形状，再以不同温度或明火加热晾干的材料以释放香气。

此后，将备好的香料置于地面或木架（如树枝）上，亦可将其置于院中丝网或香炉中，使香气缓缓向室内散发。如果香料直接接触皮肤，则体温可促进香气散发。另外一种方法是将材料置于香囊或香袋中，可携带于衣物或直接接触皮肤。

UU

---

[1] 参见 E.H. Schafer, Golden Peaches of Samarkand, 1963, 157–158.

材料和技术的相关笔记

莺莺与红娘

中国

清朝晚期

196 毫米 × 149 毫米 | 155 毫米 × 109 毫米

D039

　　这幅玻璃画描绘的是著名元杂剧《西厢记》的女主角莺莺。她坐在桌边瓷凳上，身边是侍女红娘。

　　利用 X-射线荧光技术、漫反射红外光谱（diffuse reflectance infrared fourier transform spectroscopy，DRIFTS）和拉曼光谱技术对颜料进行多向、原位无损鉴别，以定性分析所采用的颜料，并对结合介质进行分类。

　　玻璃画的背面由薄薄的细粒状白色涂料层覆盖。该层成分由碳酸钙（$CaCO_3$）和少量硅酸盐构成，可见石灰石涂料。此石灰石涂料层或可证明画作运用了蛤白膏颜料。以文火加热质地厚的海贝壳粉（如牡蛎），持续加水，剩余的生石灰（CaO）形成氢氧化钙 [$Ca(OH)_2$]，再在画上施以这些含水量高的泥浆涂料。在涂料变干的过程中，氧化钙和空气中的二氧化碳发生化学反应，形成细粒状碳酸钙。在该涂层下发现的白色颜料为白铅矿 [hydrocerussite，$2PbCO_3 \cdot Pb(OH)_2$]。

　　在蓝色区域，发现有群青蓝颜料（$Na_7Al_6Si_6O_{24}S_3$）。然而，由于不能采样，且在鉴定颜料成分时 DRIFTS 并未检测到群青蓝的信号，故无法鉴定其为人工合成还是天然颜料。在红色区域，发现有硫化汞（HgS）；在黄色区域，发现有雌黄（As_2S_3）；绿色区域则使用含砷铜基的颜料，或为翠绿色乙酸亚砷酸铜 [$Cu(CH_3COO)_2 \cdot 3Cu(AsO_2)_2$]。具体构成尚需更多的分析检测。

　　鉴别黑色区域时，未见任何可证明其他黑色颜料存在的信号 [例如，羟基磷灰石 $Ca_5(PO_4)_3(OH)$ 为骨黑色]，故可推测颜料中有炭黑。以 X-射线荧光技术鉴定玻璃成分时（如从正前方），发现其含大量钙和硅及少量钾、铁、锶、钡和铅。

　　值得一提的是，DRIFTS 光谱上的全部测量点显现出非常类似的带型特征。除发现有碳酸钙和硅酸盐外，中红外线范围内未见其他颜料（如群青蓝、铅白）的带状信号。所有频谱范围内仅可见变干的明显带状。这些信号来自薄石灰石涂料下一层的油性黏合剂。推测该油性层或不含任何颜料，起油光漆的作用，隔离上一层含水高的石灰石涂料层和颜料层。

　　该画本身或由水溶性蛋白质黏合剂制成，故需要这一层额外的油性层做保护。

SS

参考文献

1. Andrew H. Plaks. Archetype and Allegory in the Dream of the Red Chamber［M］. Princeton: Princeton University Press, 1976.

2. Brewitt-Taylor C H. Lo Kuan-Chung's Romance of the Three Kingdoms: San Kuo Chih Yen-i, 2 vols［M］. Rutland and Tokyo: Charles E. Tuttle Company, 1959.

3. Dorothy K. Cinderella's Sisters: A Revisionist History of Footbinding［M］. Berkeley: University of California Press, 2005.

4. Emily B C. Glass Exchange between Europe and China, 1550–1800［M］. Farnham: Ashgate, 2009.

5. Frank D. Exotic Commodities: Modern Objects and Everyday Life in China［M］. New York: Columbia University Press, 2006.

6. Gao XS. Reflecting Domestic Genre Paintings: Chinese Reverse Paintings on Glass in Museum Volkenkunde［D］. St Louis: Washington University in St. Louis, 2020.

7. James A F. The Cult of Happiness: Nianhua, Art, and History in Rural North China［M］. Seattle: University of Washington Press, 2004.

8. James F C. Pictures for Use and Pleasure: Vernacular Painting in High Qing China［M］. Berkeley: University of California Press, 2010.

9. Jonathan C. Chinese Gods: An Introduction to Chinese Folk Religion［M］. Hong Kong and London: Blacksmith Books, 2009.

10. Kristina K. Chinese occidenterie: the diversity of "western" objects in eighteenth-century China［J］. Eighteenth-Century Studies 47, 2014（2）：117–135.

11. Liu LH. Vitreous Views: Materiality and mediality of glass in Qing China through a transcultural prism［J］. Getty Research Journal, 2016（8）：17–38.

12. MIT Visualizing Culture.Rise & Fall of the Canton Trade System Ⅲ［EB/OL］.［2021–5–15］. https://visualizingcultures.mit.edu/rise_fall_canton_03/reverse_glass.html.

13. Paul U U. Medicine in China: A History of Ideas［M］. Berkeley: University of California Press, 1985.

14. Rupprecht M. Bolihua: Chinese Reverse Glass Painting from the Mei Lin Collection［M］. Munich: Hirmer, 2018.

15. Simone B. Hinterglasmalerei...die Farben leuchten so klar und rein［M］. Munich: Klinkhardt & Biermann Verlag, 2013.

16. Thierry A. Chinese Reverse Glass Painting 1720–1820: An Artistic Meeting between China and the West［M］. Bern: Peter Lang International Academic Publisher, 2020.

17. van Dongen P L F. Sensitive Plates': Nineteen Chinese Paintings on Glass［M］. Leiden:

National Museum of Ethnology, 1997.

18. 安超. 中国花鸟画清供题材研究——以近现代"清供题材花鸟画"为主线展开［D］. 中央美术学院，2019.

19. 曹可婧. 乾隆朝宫廷岁朝清供图研究［D］. 中央美术学院，2017.

20. 曹南屏. 玻璃与清末民初的日常生活［J］. "中央研究院"近代史研究所集刊，2012（76）：81-134.

21. 曹淑勤. 中国年画［M］. 北京：中国建筑工业出版社，2009.

22. 陈文述. 画林新咏［M］. 中国台北：台北文明书局，1985.

23. 金卫东. 明清风俗画［M］. 中国香港：香港商务印书馆，2008.

24. 刘宝军. 颐和园长廊彩画故事全集［M］. 北京：外文出版社，1996.

25. 谭元杰. 中国京剧服装图谱［M］. 北京：北京工艺美术出版社，2008.

26. 王锦强. 中国木版年画精品集［M］. 北京：中国文联出版公司，2016.

27. 王树村. 中国戏出年画［M］. 北京：北京工艺美术出版社，2006.

28. 魏明. 山东莱州地区及吴葆贞玻璃画考察报告［D］. 中央美术学院，2010.

29. 吴明娣，戴婷婷. 圣而凡，华而简：清供图源流［J］. 南京艺术学院学报（美术与设计版），2019（1）：138-142.

30. 杨伯达. 清代广东贡品. 中国香港：香港中文大学文物馆，1987.

31. 赵柏林，刘艳春. 中国平板玻璃画［M］. 石家庄：河北科学技术出版社，2006.

致 谢

香港大学美术博物馆非常荣幸能与梅林珍藏的主人林海棠和鲁普雷希特·梅尔（Rupprecht Mayer）合作，举办这次备受期待的展览。我们最初就中国玻璃画与梅林珍藏的反绘玻璃平板画进行讨论，逐渐孕育出丰硕的成果。共计 17 位学者参与这次展览项目，包括玻璃艺术专业领域的知名学者。我们非常感谢这些学者为本次展览撰写简明扼要的图录和精彩专文，研究这批鲜少展出并待学界持续关注的艺术珍品。此外，我们格外感谢香港大学博物馆学会和香港大学音乐与艺术捐赠基金的资金支持。

藏家致谢其友人翻译莱纳·冯·弗兰兹（Rainer von Franz）、赫尔曼·科格尔沙茨（Hermann Kogelschatz）、安丽娜·马尔蒂米亚诺娃（Alina Martimyanova）、克劳迪斯·C. 穆勒（Claudius C. Müller）、乌尔里希·内因戈尔（Ulrich Neininger）、芭芭拉·施比尔曼（Barbara Spielmann）、西蒙·斯蒂格（Simon Steger）、文树德（Paul U. Unschuld）、文淑德（Ulrike Unschuld）、魏明和徐静华，共同参与撰写此次展览标题与专文，并于 2021 年共同庆贺 75 岁寿辰。特此，藏家向刘道广教授致以诚挚谢意，感谢他就数幅玻璃画的图像研究分享宝贵洞见。他们也要向亚当·西尼金（Adam Sinykin）与玛丽娜·施利希特尔（Marina Schlichter）致谢，感谢他们协助编改和定稿其参与撰写的数篇英文图录。

香港大学策展人纪奕邦（Ben Chiesa）、华硕和罗诺德（Florian Knothe）撰写展览图录，高晓松撰写专文一篇。此外，藏家们向汪珏、里贾纳·克拉尔（Regina Krahl）、科妮莉亚·托佩尔曼（Cornelia Töpelmann）、黄霄翎和陆大伟（David Rolston）致谢，感谢他们提供意见和评语，感谢谢尔盖·赫尔曼（Sergej Hermann）修复镜框，并感谢 FotoFinderSystemsLtd.（Bad Birnbach）慷慨借用专业摄影装备以记录珍藏。